开学典礼讲话《学以成人》

深圳市十佳校长表彰

与学生在一起

教师节学生献花

创客节为市领导解说创客作品

校园开放日解答家长问题

"干部同读一本书"工作部署

为"二高"庆生

名师名校名校长

凝聚名师共识
回应名师关怀
打造名师品牌
培育名师群体

程晋远题

名师名校名校长书系

以尊重的教育培养受尊重的人

高玉库教育演讲录

高玉库 ◎ 著

东北师范大学出版社

长 春

图书在版编目（CIP）数据

以尊重的教育培养受尊重的人：高玉库教育演讲录 / 高玉库著. — 长春：东北师范大学出版社，2019.6
ISBN 978-7-5681-5990-6

Ⅰ.①以… Ⅱ.①高… Ⅲ.①教育—演讲—中国—文集 Ⅳ.①G52-53

中国版本图书馆CIP数据核字（2019）第131590号

□策划创意：刘　鹏
□责任编辑：李占伟　刘贝贝　　□封面设计：姜　龙
□责任校对：刘彦妮　张小娅　　□责任印制：张允豪

东北师范大学出版社出版发行
长春净月经济开发区金宝街 118 号（邮政编码：130117）
电话：0431-84568115
网址：http://www.nenup.com
北京言之凿文化发展有限公司设计部制版
廊坊市金朗印刷有限公司印装
廊坊市广阳区廊万路 18 号（邮编：065000）
2022年6月第1版　2022年6月第1次印刷
幅面尺寸：170mm×240mm　印张：11　字数：260千

定价：45.00元

目录

第一章
一颗红心，坚守办学方针

深圳市第二高级中学党委"从严治党年"动员大会暨"三严三实"
专题党课讲话 ………………………………………………… 2
抓基层党建工作述职报告（2015年）……………………………… 9
提高依法治校水平　促进学校健康发展 ………………………… 16
抓基层党建工作述职报告（2018年）……………………………… 25

第二章
一种思想，描绘发展图景

纵览全局
　我对办学的一些思考 …………………………………………… 32
　健全制度机制　深化教学改革 ………………………………… 45
　明日之校长的理性与诗意 ……………………………………… 49
　"三实教育"带来学校新气象 ………………………………… 60
　教育培养什么人 ………………………………………………… 70

横断一面 …………………………………………………………… 75
　用尊重与信任科学引领学校的改革与发展 …………………… 75
　承担责任　找准目标　顾全大局 ……………………………… 79
　做有追求的教师　办有品位的学校 …………………………… 90

信息时代，风云际会　智慧校园，舍我其谁 …………… 100
寥寥十年　心中有您 …………………………………… 107
志存高远　踏实前行 …………………………………… 111

第三章
一个理念，点亮学子前程

尊重出万象　自主超常伦 ………………………………… 116
期望——肩负你们的责任 ………………………………… 125
心怀梦想　莫负韶华 ……………………………………… 129
民族精神　我心几何 ……………………………………… 135
告别的盛宴 ………………………………………………… 138

第四章
一份执着，助力学海扬帆

《基于"二分天下"理念的高中课堂教学模式改革深化研究》
　　课题申报汇报 ………………………………………… 142
高考意味着什么 …………………………………………… 149
和高考正面"刚"一次 …………………………………… 152
共奏华章 …………………………………………………… 155
认清自己，找好自己的定位 ……………………………… 158
浩然高考　潮阔百天 ……………………………………… 161
择一经典　相伴终生 ……………………………………… 165

第一章

一颗红心,坚守办学方针

深圳市第二高级中学党委"从严治党年"动员大会暨"三严三实"专题党课讲话

各位党员同志：

大家下午好！首先，我要向获得我校"先进党支部"的高三党支部和行政一支部的全体党员，以及获得我校"优秀共产党员"称号的29名同志表示祝贺。"二高"能取得今天的成绩，离不开你们，也离不开在座全体党员的付出与支持。同时，我也希望在"二高"未来巩固成果、谋求发展、再上台阶的征程中，你们能一如既往地贡献自己的光和热，给学校以最大的支持！谢谢大家！

根据上级党委要求，学校党委书记要给全体党员讲一次以"三严三实"为主题的党课，同时将"从严治党年"的工作进行动员部署。所以今天借这个机会，我们将几项工作整合在一起，开一个高效的党员大会。

我首先就"从严治党年"工作进行动员部署。

市委教育工委将2015年确定为"从严治党年"，出台了工作方案，要求各基层党委认真开展落实。"从严治党年"活动的提出，有其深刻的背景：

第一，办好我们的事情关键在党，首先在于党的各级领导干部。

这是被中国近代以来的历史所反复证明了的真理。只有从严管党、治党，才能确保党在发展中国特色社会主义历史进程中始终成为坚强的领导核心。对我们这样一个有8500多万党员、在13亿多人口大国长期执政的党来说，管党、治党一刻都不能松懈。习近平总书记指出："如果管党不力、治党不严，人民群众反映强烈的党内突出问题得不到解决，那我们党迟早会失去执政资格，不可避免被历史淘汰。这绝不是危言耸听。"

所以，党的十八大以来，习近平总书记围绕"党要管党、从严治党"提出一系列新的重要思想。上任伊始，习近平总书记就来到革命圣地西柏坡，告诫全党："党面临的'赶考'远未结束""所有领导干部和全体党员要继续把人民对我们党的'考试'、把我们党正在经受和将要经受各种考验的'考试'考好，努力交出优异的答卷"。这体现了强烈的忧患意识，习近平总书记将党建的重点放在了"党要管党、从严治党"这八个字上，核心就是一个"严"字。比如，在全国组织工作会议上指出，"必须按照从严的要求"，使党内生活"真正严格起来"；在党的群众路线教育实践活动第一批总结暨第二批部署会议上提出，"思想上要严起来""整改上要严起来""正风肃纪上要严起来"，等等。可以说，"严"是以习近平同志为总书记的新一届中央领导集体管党治党的底色。党的十八大以来，新一届中央领导集体把"党要管党、从严治党"摆在突出位置、贯穿各个方面，开辟了从严管党治党的新境界。习近平总书记上任伊始公开发表的第一篇署名文章，就是《认真学习党章　严格遵守党章》。履新不足一月即出台"八项规定"，这是严字当头；从中央政治局改起，从自身严起，这是严以律己；提出对作风之弊、行为之垢来一次大排查、大扫除，这是严以正风；强调以整风精神开展批评与自我批评，这是严肃党内生活；强调执行党的纪律不能有任何含糊，这是严以肃纪；强调把从严管理干部贯彻落实到干部队伍建设全过程，这是从严治吏；强调严格按照党章规定的标准发展党员，严肃处置不合格的党员，这是从严发展和管理党员队伍；强调有腐必反、有贪必肃，这是从严反腐。十八大以来的丰富实践再次证明，只有从严管，才能管好党；只有从严治，才能治好党。

第二，在党的群众路线教育实践活动总结大会上的讲话中，习近平总书记对新形势下坚持"从严治党"做出具体部署，提出八点要求。

第三，2015年初，习近平总书记对深圳工作做出重要批示，赋予深圳经济特区在"四个全面"中创造新业绩的重大历史使命，首次提出"四个全面"，其中最为关键的是"全面从严治党"。

所以在深圳市第六次党代会报告中，深圳市委马兴瑞书记提出："率先落实全面从严治党各项任务，为特区事业发展提供坚强的组织保证。"

要想真正落实"全面从严治党"，就要在两方面上下功夫：一是党的组织建设，二是党员干部管理。就党组织而言，主要是"六个从严"。就党员干部管理而言，主要是通过开展"三严三实"专题教育，让全体党员干部明白践

行"三严三实"的要求，对党忠诚、个人干净、敢于担当，做到心中有党不忘恩、心中有民不忘本、心中有责不懈怠、心中有戒不妄为。

正是在如上五点背景下，市委教育工委才将今年定为"从严治党年"，践行"全面从严治党"各项任务也将成为我校党委今年工作的重中之重。但这里需要明确，"从严治党年"不是一个时间概念，而是一个抓手概念，目的在于以"从严治党年"为抓手，实现从严治党的长期化、常态化、制度化，贯穿于党的建设全过程，贯穿于实现中国梦的全过程。

校党委根据上级要求制订了我校的《"从严治党年"工作方案》，年底前，我们要开展六项重点工作：

第一，开展"三严三实"专题教育。

重点做好五项规定动作：一是讲好专题党课。二是搞好专题学习研讨。三是开好专题民主生活会和组织生活会。四是组织好体验观摩学习活动。五是抓好整改落实和立规执纪。

第二，落实党建工作的责任。

党委负有主体责任，党委书记负有第一责任。

第三，利用党建云平台对党建工作进行管理和综合评价。

市委教育工委开发了一个党建云平台，要求全市教育系统的所有党员都要注册使用，今后党员学习教育、"三会一课"、党员发展、党费收缴、组织关系接转、志愿活动安排等几乎所有党员活动都将在平台上完成，并实行积分管理和评价。

第四，参加基层党建述职评议活动。

今年年底，市委教育工委所辖的全部党委都要参与基层党建述职评议工作，党建的五大项、三十三个细项都要参评，希望届时全体党员群策群力，共同协助党委完成此项述评工作。

第五，开展"党性教育学习月"活动。

每年七月是"党性教育学习月"，学校将围绕"七一"主题纪念活动开展系列教育学习活动。今年的学习月，校党委决定开展如下活动：

（1）"七一"前夕组织全校教工、党员观看红色电影，以坚定其理想信念。

（2）今天组织"七一"纪念表彰活动，树立典型，激励进步。

（3）本周五，以党支部为单位召开以"五破五立"为专题的民主生活会，组织全体党员对照市第六次党代会提出的"五破五立"要求，进行民主评议，开展对照检查、批评和自我批评，查找个人思想和工作作风方面存在的突出问题，树立"马上就办、一抓到底"的工作作风，把本职工作做实办好。

（4）观看广电集团制作的以"忠诚"为主题的《党性面对面》综合访谈节目，加强党性修养，坚定理想信念。

（5）前往长湖村和汕尾中学开展扶贫"双到"和帮扶交流工作，践行党的宗旨。

第六，参加市委教育工委组织的"我身边的优秀共产党员"的微视频征集活动。

此项活动已由校党办拍摄完成并报送参评，以后我们再择机播放给全校党员观看。

以上是我就"从严治党年"工作进行的动员部署。

下面，我将就如何践行"三严三实"的要求，谈几点认识和体会，与大家交流。

一、深刻理解"三严三实"的基本内涵

严以修身，就是要加强党性修养，坚定党纪信念，提升道德境界，追求高尚情操，自觉远离低级趣味，自觉抵制歪风邪气。

严以用权，就是要坚持用权为民，按规则、制度行使权力，把权力关进制度的笼子里，任何时候都不搞特权，不以权谋私。

严以律己，就是要心存敬畏、手握戒尺，慎独慎微、勤于自省，遵守党纪国法，做到为政清廉。

谋事要实，就是要从实际出发谋划事业和工作，使政策、方案符合实际情况、符合客观规律、符合科学精神，不好高骛远，不脱离实际。

创业要实，就是要脚踏实地、真抓实干，敢于担当责任，勇于直面矛盾，善于解决问题，努力创造经得起实践、人民、历史检验的实绩。

做人要实，就是要对党、对组织、对人民、对同志忠诚老实，做老实人、说老实话、干老实事，襟怀坦白，公道正派。

"三严三实"是一个有机整体，"三严"要求党员干部筑牢思想上的"防火墙"，增强抵御各种"病毒"的免疫力，坚持权为民所用、情为民所

系、利为民所谋,为党员干部为人处世、正心修身提供了基本遵循。"三实"要求党员干部说老实话、办老实事、做老实人,摒弃"花架子"和表面文章,抛弃损害群众利益的"形象工程"和"政绩工程",坚持实事求是、求真务实、狠抓落实,做到老老实实、规规矩矩、坦诚实在,为党员干部履职尽责、用权为民提供了重要准则。对党员干部来说,"三严三实"既是思想上的守则,又是行为上的准则,是必须坚守的人生信条。全校党员干部要深刻认识"三严三实"的理论意义和实践意义,切实增强践行的自觉性和坚定性,要做到心中有党不忘恩、心中有民不忘本、心中有责不懈怠、心中有戒不妄为,争做对党忠诚、个人干净、务实担当的党员。

二、深刻认识并针对当前我校党员队伍中存在的"不严不实"问题进行整改落实

1. 修身不严的问题

修身不严的问题主要表现为党性不强、信念不牢、宗旨淡薄、贪图享受,不能做到身正为范。有的人觉得信念是空洞的说教,没有筑牢对马克思主义的坚定信仰,面对形形色色的思潮和现象容易动摇;有的人是非观念淡薄,正义感退化,对不良风气、不道德行为不愿或不敢挺身抵制;有的人被封建迷信、腐朽思想占据头脑,"不信马列信鬼神",不信科学信风水;有的人摆不正位置、搞不清身份,服务群众的表现不积极、不主动、不自觉、不到位;有的人不比贡献比待遇,工作多做一点就觉得吃亏,待遇稍差一点便满腹牢骚;等等。修身不严,其核心是要解决好党员思想的问题。净化灵魂、提升修养,在党言党、为党兴党,是一个合格共产党员的终生追求,时刻都不能松懈。

2. 用权不严的问题

主要表现为滥用职权、以权谋私、本位主义、法治淡化。学校作为事业单位,本就没什么权力,但我们确实也看到在一些学校出现了一些不良现象,一些领导利用职务之便,插手学校工程项目,搞权钱交易,为配偶、子女及亲友谋取不正当利益;一些人在学校招生、招聘中收受利益;还有一些教师利用教材、教辅资料征订的机会收受书商的好处;等等。用权不严,核心要解决正确对待权力的问题。权力是一把双刃剑,为人民掌权,为事业用权,人民就满意,组织就认可;德不当位、为己弄权,党纪不答应,国法必严惩。敬畏权

力、慎用权力，不仅关系干部自身价值的实现，而且关系干部的声名荣辱。

3. 律己不严的问题

主要表现为无视纪律，严人宽己，作风散漫，无视校规校纪。有的纪律观念淡薄，没有团队合作意识，例如，有的晨会不到、开会不来，做事我行我素；有的迟到早退，在上班时间找不到人，有事不请假，私下自行调课不到教务处报备，完全游离于组织管理之外；有的庸懒散漫，不备课、不改作业，上班时间玩游戏、逛淘宝、看视频；等等。在律己方面，其核心是要解决讲规矩、守纪律的问题。作为党员教师，我们应该遵守国家法纪，严守党员风纪，将师德、师风常记心间。

4. 谋事不实的问题

主要表现为在教育教学上不求作为，做事不动脑筋，教学研究工作做得还远远不够。目前，学校发展八年了，可能当年创业的激情已过，有的人就丧失了干劲儿，取而代之的是职业倦怠感增加；有的人吐槽"多干错多、不干没错"，干脆不求作为；有的人对本职工作不懂行、不在行、不内行，一切敷衍了事；有的人学习紧迫感不强，面对当前知识的"保质期"越来越短、思想的"折旧率"越来越快、能力的"迭代率"越来越高的实际，仍习惯于"吃老本"，不愿学、不善学、不勤学、不深学、不真学，不善于学习研究新事物，面对教育教学发展新常态感到束手无策；有的人谋事不实，没有树立正确的事业观，没有进取意识、科学精神、负责态度，这不仅会贻误事业，最终也会害了自己。

5. 创业不实的问题

主要表现为有的同志存在境界不高、劲头不足、效率不快、落实不力等现象；有的同志对工作缺乏开拓性，不敢闯、不敢试、不敢创新。像我校推行的"二分天下"已经有几年时间了，可是事实表明，我们不少老师的课堂还是以讲为主的传统课堂，不敢也不愿尝试让学生成为课堂的主人；有的同志工作标准不高，缺乏竞争意识，不善于在全校、全市、全省、全国的大格局中找标杆、定目标，教学只求过得去、不求过得硬；有的同志、干部患得患失，不敢担当，遇事"难"字当头，遇难"退"字当先，碰到矛盾和问题要么东闪西躲，要么"踢皮球"，抢着做能出成效的事情，却不愿做艰苦细致的工作，不愿做得罪人的事或出力不讨好的难事；有的同志对学校布置的工作不是马上办、立即办，而是拖拖拉拉，推一推动一动，甚至推而不动；等等。创业不实，核心要解决自觉担当的问题。担当实干是领导干部的本色,没有担当实干就没有作为,一切美好的愿景都是浮云。

6. 做人不实的问题

主要表现为不讲团结、不讲民主,处世庸俗、双面做人。有的人奉行利己主义,以自我利益为中心,不能顾全大局;有的人不善于听取各方意见,不按照民主集中制原则行事,容不得别人批评,听不进不同意见;有的人奉行庸俗哲学,认为"老实人吃亏",言行不一、见风使舵,不想干事、只会来事,为人圆滑、八面玲珑,做事只是花拳绣腿、表面光鲜;有的人工作动机不实,干了一点事就要求回报,达不到目的就满腹牢骚;有的人眼里没有群众、没有同事,妄自尊大,自以为是;等等。做人要实,其核心是要坚守本分。只有"老老实实做人、本本分分做事",才能得到组织、同志、群众的信任,才能展现共产党人的人格力量。

以上列举的"不严不实"的问题既有一定的普遍性,有的也只是个别党员干部身上存在的个性问题,具体到每一名党员干部,存在的问题也不尽相同。本周五,我们将以支部为单位召开专题民主生活会,请同志们结合市委马兴瑞书记提出的"五破五立"的要求,好好查找一下个人在思想和作风方面存在的"不严不实"的问题,进行批评与自我批评,弄清问题的性质,找到其症结所在,制订整改措施,并在今后的工作中积极践行,以解决问题的成果来检验"三严三实"专题教育的成效。

今天的党课就到这里,谢谢大家!

党员宣誓

抓基层党建工作述职报告
（2015年）

2015年是基层党建提升年，是全面深化改革、全面从严治党的重要之年，作为深圳市第二高级中学的党委书记，在市委教育工委的正确指导下，我带领"二高"党委认真贯彻党的十八届三中、四中全会以及习近平总书记系列重要讲话精神，突出全面从严治党这个主题，以开展"基层党建工作综合评价"工作和"三严三实"专题教育活动为契机，重点加强学校党建工作，大力推进学习型、服务型、廉洁型党组织建设，全面提高我校党员队伍的建设水平和服务能力，为将"二高"办成一所学生幸福、家长放心、市民满意、优质特色的高中提供组织保证。下面，我将从主要工作、存在问题和努力方向三个方面，对自己2015年度的党建工作进行述职。

一、主要工作

我于2015年4月27日调任深圳市第二高级中学党委书记兼校长，至今履职尚不满一年，目前还处于深度介入学校事务、全面掌握学校情况的阶段。上任伊始，我就在全体教工会议上表示，作为学校党建的第一责任人，会带头落实党建责任制，重点加强学校党建工作，以党建为切入点，以"三严三实"专题教育活动为抓手，全面开展从严治党，采取各项措施建立健全学校的规章制度，并加强学校班子和党员队伍建设。主要工作如下：

1. 带头落实党建责任制，经常研究部署学校党建重要工作和重大活动

认真落实上级党组织部署的有关工作，及时推动重大问题的解决。

上任伊始，我就着手制订了《深圳市第二高级中学2015年党委基层党建工作年度计划》，并以该计划为指引有步骤地将每一项目标落到实处。作为学校党政的一把手，我确立了学校党政联席会议制度，于每周三上午固定主持召开党政联席会议，坚持民主讨论、集体决策，研究部署学校党建工作及学校重要工作和重大活动，并及时将会议重要事项向全校师生、党员公布。

  2015年，"二高"党委根据市委教育工委的部署，较好地完成了如下工作："三严三实"专题教育活动、市委教育工委"书记项目"之"二高"党员教师志愿者进社区活动、市第六次党代表大会代表的推荐工作、"五破五立"专题民主生活会、"七一"纪念表彰活动、市委教育工委"我身边的优秀共产党员"微视频征集活动、"纪律教育学习月"活动、"学党章、守纪律、当先锋"主题教育活动、党组织换届选举、党建云平台的建设使用等工作。对于涉及全体教工利益的重大问题，我采用民主决策的方式进行解决，如学校《章程》的制订，学校职称评聘与职级晋级方案的制订等，都是在反复征求全校教工意见的基础上不断修订形成的。

2. 扎实开展"三严三实"专题教育

  根据上级要求，我校党委于2015年5月初启动学校"三严三实"专题教育活动，我亲自制订了活动方案，组织召开全体教工大会进行宣传动员，并分三次给全体党员开展了专题党课，组织全体党员干部进行学习研讨，扎实开展党支部专题民主生活会和组织生活会，并通过多种途径征求党员群众对学校领导班子和我个人在"不严不实"方面的意见和建议，组织班子成员和学校部门负责人开展相互谈心的活动。在此基础上，我开始深入开展自查和反思，深入剖析问题产生的根源，进行党性分析，认清问题实质，认真撰写班子和个人的对照检查材料，提出整改措施，最终成功组织并召开了学校的"三严三实"专题民主生活会。当日，深圳市教育局吴筠副局长参加了我校的专题民主生活会，对会议给予较高评价。

3. 落实民主管理和监督制度

  在相关制度的制订落实方面，我主导制订了每周一次的学校党政联席会议制度、每月一次的行政会议制度、校内民主管理信息发布和监督制度。每周三的党政联席会议与会者为校党政班子成员及学校部门主要负责人，大家集体研究共同决定学校的重要事项，重大事项则被提交到每月一次的校行政会议上进行民主讨论及决策。所有会议讨论的内容都以一句话新闻的方式通过校园电子平台、手机短信、学校官方微博、微信等平台及时向全校教工发布。学校还建立了一套行之有效的监督机制，在校内设置多个意见箱，也在校园网首页设置了校长信箱和部门主任信箱，征集全校师生、家长的意见和建议，并在第一时间进行跟进处理。

4. 开展基层党建工作创新

围绕中心工作开展基层党建工作创新，研究新情况，采取新举措，解决新问题，开展从严治党各项措施，加强基层服务型党组织建设，严格规范党员教育管理，严肃党内组织生活，将党建保障工作投入到位，党员干部队伍建设成绩突出。

习近平总书记指出，"办好中国的事情，关键在党，关键在人"，因此上任伊始，我就"一紧一松"地抓好党员干部队伍建设，在此基础之上，进行党建工作创新。

"一紧"就是给党员干部提要求，上"紧箍咒"，认真开展从严治党各项措施，严格规范党员教育管理，严肃党内组织生活。校党委认真落实"三会一课"制度，支部会、党员大会都是会前有详细安排，会后有纪要和总结。2015年下半年的三次党课也都由我围绕"三严三实"和狠抓基层党建的主题进行讲授。校党委也很重视党员教育管理，不仅责成校党办将党内重要制度文件和会议、领导人讲话精神放在校园网上供党员学习，还利用晨会、教工会等场合邀请专家为全体党员解读全国"两会"和党的十八届三中、四中全会精神。要求全校党员特别是领导干部树立四种意识：责任意识、规矩意识、服务意识和创新意识，对于个别做得不到位的党员干部，我会与其交流谈心、敦促修正。

"一松"就是在党内营造轻松、和谐的氛围，加强基层服务型党组织建设，倡导党员先锋模范带头作用，并为优秀党员提供个人发展的更高平台。学校鼓励党内互帮互助，我们鼓励每一位资深党员教师都与一位青年教师结对子，师傅在教学和人格发展上给予徒弟指导。我校还将这种志愿服务的精神传递到校外，在中考中招前夕、高考结束后、新学年开学后等一些重要节点，校党委组织党员教师志愿者利用周末休息时间前往深圳大型生活社区，为社区居民送去包括家庭教育与心理健康咨询、初高中课程衔接辅导、高中学法指导、中考中招、高考志愿填报咨询等内容在内的教育服务，深受社区居民的好评。校党委还多次组织我校党员教师给汕尾中学、崛起实验中学等学校的教师送去优质课，助力其成长。最终，我校的党员志愿服务项目成为全市教育系统25个精品"书记项目"之一,郭雨蓉局长还亲自来校为我校党员教师志愿者授旗。可以说,志愿与奉献是"二高"党员的一张闪亮名片。我校党委拍摄的获得大赛三等奖的"我身边的优秀共产党员"微视频题目就是《我的兄弟姐妹》,他讲述的就是发生在"二高"校园中的党群互帮互助的真实故事,这只是"二高"党群和谐的一个缩影。"二高"党委多次荣获"深圳市优秀基层党组织"荣誉称号,校党办还荣获2015年度"深圳市巾帼文明岗"荣誉称号。为倡导党员发挥先锋模范带头作用,校党委通过资金支持和机会倾斜的激励机制,给予表现优秀的党员以更多培训、学习、晋升的机会。根据一个阶段的探索,目前校党委已着手研究制订《校内党员干部选拔、培养、任用制度》。

二、存在问题及原因

1. 校党委在基层党建工作中存在的问题及原因

（1）问题

① 学校领导班子在党的大政方针和政治纪律的学习上存在不够系统深入、理解不够深刻的现象,在学习型党组织的制度化建设方面力度不够,忙于事务性工作较多,静下心来认真研读原著、理论不够。

② 学校领导班子有满足于现状的思想苗头,改革的动力不足,创新的意识不够,对学校已取得的发展成就存在自满现象,干事创业的激情与学校创建初期相比有所弱化。

③ 学校建章立制工作还不够完善。

④ 班子成员对分管的工作很重视,但对不分管的工作还不够了解。

⑤ 各部门中层管理干部存在部门利益的思想,但全局意识还有待加强。

⑥ 部门间的合作有待加强。

（2）原因

① 修身不严,表现为思想认识不够高。班子成员对解放思想、实事求是、与时俱进的思想路线认识还不够深刻和到位,工作中没能真正做到解放思想,其行动被习惯性思维所束缚。学校工作细致而琐碎,进行明确工作分管有利于提高分管领导对工作的熟练程度以及学校管理的工作效率,但班子成员被"明确分管"的界限所束缚,导致其对不分管的工作重视不足、了解不深、业务不熟,由此造成学校的管理合力难以形成。

② 用权不严。表现为学校班子成员对全局的考虑不周到。在工作中,特

别是对不是自己分管的工作，有时会局限于上级布置什么就做什么，没有站在全局的角度去考虑问题，对全局性的工作深入思考得比较少，认为只要做好自己分管的工作即可，担心考虑过多会有越位之嫌，不能从尽善尽美、时时处处争一流的标准上去把握，由此导致部门间的协调配合欠佳。

2. 个人在履职尽责方面存在的问题

（1）问题

① 对理论学习的时长不够，学习时间没有保证，学习效果不佳。

② 因本人对学校情况不太了解，对每件事都需要具体过问，参与具体事务较多，进而导致工作效率不高。

③ 对学校各方面具体情况把握得不够充分。

④ 在学校管理期间，受到条条框框的束缚。

⑤ 管理中存在一定的思维定式，缺少创新思维。

（2）原因

① 政治学习不够自觉。自己总感觉理论学习是软指标，往往是上级部门要求学什么就学什么，自觉主动性的学习比较少，缺乏持之以恒自觉学习政治理论的精神，有时只停留在学过、看过的阶段，但学得不深、不透，缺乏系统性和连续性，存在实用主义倾向，常常是需要什么学什么，急用什么学什么，遇到问题才翻理论、找对策，碰到材料才找依据、查资料，往往把工作放在第一位，进而放松了对政治理论的学习。

② 思想认识不够高，工作方法不够多，创新精神不够足。班子成员对解放思想、实事求是、与时俱进的思想路线认识还不够深刻和到位，工作中没能真正做到"解放思想"，行动被习惯性思维所束缚。在解放思想、更新观念、创新工作方法和手段方面有所欠缺，忙于应付多、主动落实少，研究情况多、解决问题少，缺乏创造性开展工作，改革创新意识亟待增强。

③ 对学校不够熟悉，联系群众不够紧密，调查研究不够深入。部分班子成员由于来校时间短，虽然能够广泛听取方方面面的意见，但不能准确掌握大多数群众的所想、所需、所求，从而影响为民办事的效率。

三、努力方向

1. 以党建为核心，切实履行第一责任人职责

加强政治理论学习，强化责任意识，严抓政治纪律，进一步落实从严治党各项要求；以身作则，率先垂范，抓好党建重点工作，对于重大问题和重点环节给予亲自协调；加强业务知识的学习，创造性地做好学校日常工作，推动学校新的发展。

2. 加强制度建设，完善现代学校制度

进一步落实学校《章程》，完善学校制度建设，进一步建立健全"二高"的各项规章制度，从而严格规范办学行为和教育收费标准，实行阳光校务，加强师德师风建设，推进服务窗口建设。修订《深圳市第二高级中学职称评聘改革方案》（以下简称《方案》），突出体现《方案》的引导性，力争通过该《方案》进一步激发广大教工的创业热情，拒绝职业倦怠，为学校发展奠定更加坚实的思想基础。

3. 加强党员教师队伍建设，提升教师队伍素质

（1）坚持从严治校、规范管理。建立以提高质量为导向的管理制度和工作机制。学校还将进一步创造条件、搭建平台，鼓励教师追求进步，拓展专业发展新空间，不断提升职业成就感和幸福感。

（2）加大力度提升教师业务素质。创设学校"名师工作室"平台，努力打造一支富有创造力的名师队伍。加强对青年教师的培养，采取"结对子、压担子、搭台子"的策略，为青年教师的成长、成才、成名创造机会，为青年教师的成长搭好舞台。

（3）制订教师培养计划，对教师进行分类、分层次培养。坚持"走出去，请进来"的工作方略，不断丰富教师业务培训形式：积极创造条件，让教师走出去；积极邀请知名专家、名师到我校进行校本培训，让更多教师的业务素质在培训中得以快速提升。

（4）完善学校党员干部选拔、培养和任用机制，为学校发展储备优秀管理干部。

4. 以党建促发展，全面提升学校教育教学工作

（1）打造"三实"课堂，全面提升教学质量。"二高"将继续以教学质量为中心，狠抓课堂教学，推进高效课堂的改革工作，向课堂要质量。"二高"课堂将贯彻落实"三实"要求，即"真实、朴实、扎实"。"真实"要求课堂教学多研究学生，教授合适的内容，注重多种形式的互动；"朴实"要求教师要将教学内容原汁原味地与学生分享，其内容要切合实际，不故弄玄虚；"扎实"要求教学目标明确,内容不在多而在精,形式不在流光溢彩而在学生所得要实实在在。

(2)探索"八大素养"培养路径,致力提升学生综合素养。学校将在《关于进一步提升中小学生综合素养的指导意见》(以下简称《意见》)的指引下,努力探索"八大素养"学科化,切实落实《意见》的要求;完善具有"二高"特色的"三合格证"制度,在高一年级启动"游泳""阅读"和"汉字书写"三合格证制度;大力发展具有"二高"特色的学校阳光体育活动,为学生的终身发展打好基础。"二高"将努力构建提升学生综合素养的支撑体系,将学生综合素养、学校课程建设与教师职业素养三方面的发展相结合,全面持续推动学校的内涵发展。

(3)努力打造创新课程,形成"二高"核心竞争力。如果学校没有特色,就必然会缺乏竞争力,因此,办学特色是学校持续发展的关键。"二高"借助新锐高中的特点,轻装上阵,凸显特色办学的后发优势。创新教育课程是我校继综合实践课程之后,结合时代与学生发展的需求着力打造的又一特色课程,经过几年的积累,该课程目前已在深圳乃至全国教育界和创客界闯出自己的一条路。在新的一年,"二高"将抓住创新教育这一品牌,积极为创新教育的发展打好基础,集中力量组建创客俱乐部,认真制订《创新教育发展的实施方案》,积极筹备"创新教育"课程中心,精心组织撰写"创客校本教材",为我校创新教育发展指明方向,梳理创新教育发展的行动路径,为我校创新教育的可持续发展奠基。学校将在已有特色实验室的基础上,陆续启用包括创客中心、机器人实验室、生物组培实验室、医学救护体验室等一批创新实验室,丰富学生动手探究与体验的学习课程,全力提升学生的创新意识和创新能力。

(4)继续探索智慧校园建设,力争"弯道超车"。作为深圳市首批智慧校园试点学校,我校将深入探索智慧校园对学校发展的推动作用,积极推进高一年级"神笔进课堂"的实验,对智慧课堂进行深入的研究;稳步推进高二年级平板电脑水平测试备考的应用;进一步加强校园网络平台建设,力争实现教学资源信息整合与共享的最大化。

(5)加强校园文化建设,提升校园文化品位。"二高"建校已有八年,学校亟须对"二高"这八年沉淀下来的文化进行梳理,围绕"二高"建校十周年的庆祝活动,学校将认真梳理学校的理念文化、视觉文化、环境文化、行为文化,努力提升学校的文化品位。

提高依法治校水平　促进学校健康发展

——创建"依法治校示范学校"复评报告

我校自2011年被评为深圳市依法治校示范校以来，全体教职工本着对法制精神的进一步认识，在办学过程中，继续坚持依法治校的办学思路，充分体现依法治校的精神。坚持依照国家有关教育法律法规来办学和发展教育，依照有关教育法律法规所规定的权限与程序来管理学校，在提高法律素质，尊重学生人格，形成符合法治精神的育人环境，进一步提高学校管理的制度化、规范化、程序化等方面，取得了较好的成绩，获得了上级主管部门和社会各界的充分肯定。

依法治校使我校各项工作保持了较快发展。2013年以来，在全体教师中先后有58人次在全国、省、市教学比赛中获奖，学生在各类学科竞赛中共获得国际级一等奖1个，全国一等奖4个、二等奖7个，全省一等奖42个，全市特等奖2个、一等奖135个。高三毕业生高考成绩历年都居同类学校前列，连续5年荣获深圳市教育局颁发的"高考工作卓越奖"。学校被评为广东省国家级示范性高中、广东省德育示范学校、心理健康教育特色学校等。

我校对照《深圳市中小学依法治校示范校考评标准》，对我校依法治校工作进行了认真复评，现将复评结果报告如下：

一、一贯高度重视，不断健全依法治校工作机制

自我校2011年被评为深圳市依法治校示范校以来，学校领导班子依然高度重视依法治校工作，定期研究解决学校依法治校问题。在学校发展规划中，将依法治校、建立现代学校制度、构建和谐校园列为学校的办学目标，学校成立

了依法治校领导小组，制订了依法治校工作方案并逐步部署和推进现代学校制度建设工作。学校已经形成了领导依法规范行使权力，依法保障学校、教师、学生的权益，依法实施教育改革和管理活动的治校理念和工作方式。

目前，学校依法治校工作机制已经很健全，建立了领导集体议事制度、重大决策制度，每周召开校长办公会和每月召开一次行政会，集体研究讨论学校的各种事项。学校还成立了专门的工作机构和人员，每年制订的工作计划都将依法治校列入学校重要工作议题，并在各种会议中加以研究和讨论实施办法，在学校决策、管理中贯彻依法治校理念。聘请西丽派出所所长担任学校的法制副校长，加大了学校的安全保护、法制教育工作的力度。同时，学校还聘请了深圳盈科律师事务所的律师担任常年法律顾问，对学校的合同、管理等行为从法律方面进行评估和论证，依法维护学校及师生的合法权益，确保依法治校工作落到实处。

二、进一步完善制度，依法重新制订学校《章程》和各项管理制度

2015年依法按程序重新制订了内容比较完善的学校《章程》，学校《章程》共七章，内容涵盖总则、学校管理、教职工管理、学生管理、财务管理、卫生保健及安全、附则各项内容。在学校《章程》制订的过程中，学校广泛征求校内外师生和家长的意见，召开了校长办公会、校行政会、学科长、年级长专题会、学术委员会、教职工大会、学生代表、家长代表、社会名流座谈会等各种会议讨论《章程》内容。学校通过网络发布信息、宣传栏张贴海报等各种形式向教职工、学生和家长公开《章程》内容，宣传党风廉政建设，确保教职工、学生和家长均了解《章程》细则。《章程》先后修改了十次，集中了全校教职员工、家长、学生的智慧，依法明确了举办人、学校、教职工、学生的权利和义务等相关内容，校长、党支部、工会和教代会职责明确。学校《章程》成为学校今后依法治校工作总的纲领，学校的所有办学活动将在《章程》的框架内展开。

同时，学校建立了完善的与《章程》相配套的各项管理制度，包括《教育教学制度》《学生管理制度》《安全管理制度》《人事管理制度》《财务管理制度》《后勤保障制度》《校内招投标管理制度》等。学校有健全的《档案工作管理制度》，并开设了专职档案主管，各部门有兼职档案员分别管理本部门的档

案，管理规范，各项管理制度在校内公开，建立相应的档案汇编。学校建立了各种办事程序，内部机构的组织规则、活动程序、议事规则等形成制度，程序明确。校长有上岗证，教师、财务、医务人员有资格证，工勤人员有上岗证。

学校定期召开教代会，制订了规范的《教职工工会和教代会制度》，学校重大事项都需经过教代会审议。学校制订了《校务公开实施方案》，并且落实了校务公开工作。

学校设有专门机构和专人负责学校的法制工作，常年聘用法律顾问，学校对外重要合同经过法律审查，学校办学权益依法得到维护，依法处理学校法律纠纷。学校管理制度在制订过程中建立依法审查程序，能够充分听取各方面意见，特别是利益相关人的意见，自下而上，自上而下，反复酝酿，最后提交校长办公会议或教职工代表大会通过后予以实施。因此，制订程序合法，其内容与法律、法规、规章和有关规范性文件的规定不冲突，层次合理，简洁明了。

三、依法办学，管理规范，教学质量高，社会声誉好

学校严格进行依法招生，招生符合国家规定，按照相应规定和招生计划进行招生。学校的招生宣传工作严格按照市教育局的相关要求组织进行，无虚假宣传。在学籍网上注册的学生，学校按照"一费制"等相关规定，通过财政非税系统收取学生学费。严格执行上级教育行政部门下达的招生计划，招生活动规范、公开、透明，选拔机制与程序公平、公正，从未进行违规招生；学校严格遵守有关教育收费制度，事前明确公示报批后的有关收费项目及标准，并遵照核定项目及标准实施收费，从未发生违规收费现象。学校建立了《学生校内申诉制度》，规定了专门的申诉受理部门、申诉负责人以及申诉受理时间；学校严格尊重学生的教育学习时间，不拒绝学生入校学习。学校教师从无体罚或变相体罚学生现象，无侮辱、歧视学生人格现象，教师调课、代课等均由教务处统一管理和安排，学校无罚款和没收学生合法物品等不良现象。

学校高度重视师生的心理健康教育工作，近年来投资近百万元，设立了专门的心理咨询机构，配备了3位专职心理教师和2名学校社工。学校咨询中心有完整的工作制度、工作计划和工作记录。学校工作扎实有序、特色鲜明，2015年被评为"广东省首批心理特色示范校"。

对于学生处分方面，在严格按照学生笔述的事发经过的基础上，在充分

了解事实真相的前提下，严格按照《深圳市第二高级中学违纪处罚规定》执行处罚等级，并召集班主任、年级长和家长共同完成处罚过程。

学校根据相关法律和规章制度制订《教师聘用制度》和《教师管理制度》，教师聘用合同内容与形式健全合法。学校为教师按标准配备教师办公室、办公桌、电脑，为各班教室配备白板、投影仪、讲台等教育教学设施，能满足正常的教学需要。学校属于财政全额拨款单位，学校按月、按时足额发放工资，并按照相关规定按时为教职工缴纳社会保险。我校教师工资待遇按照深圳市政府的相关规定执行，晚自习费用、高三周末上课费用等均符合政府规定。学校建立了《校内教师申诉制度》，学校未发生侵犯教师权益等不良情况。

我校严格按照《学校教育教学管理规范》，未发生无故强迫学生退学、停课等现象，并一直在教育局的通知下安排停课、放假等工作。

学校教职员工爱岗敬业，组织纪律性强。学生遵守学校纪律情况良好，德育学分制度能较好地提高学生的自律水平。

学校建立健全教育教学管理制度，在课程设置、教材选择等环节合法规范，教学计划完善，秩序良好，对教学质量有规范的监控、评估和反馈机制。学校成立了学术委员会，能独立开展学术研究和学术评价活动。

学校实行校长负责制，有完善的校长决策程序，有健全的议事规则和监督机制，以保障校长能依法履行职责，实施有效管理。学校建立了规范化的决策机制，重大决策经过科学、民主的论证，必要的事务以教职工大会等方式听取各方面的意见，决策机制科学、民主、规范。学校内部组织机构按照精简、高效的原则设置，职能部门健全，职责与权限清楚，分工明确、合理，能依法行使职权、开展活动，其重要部门、岗位的权力受到有效监督。

学校三个年级开设课程、教学时数、教材征订均符合教育部和广东省教育厅的相关规定，教育教学质量高。为保护学生的心理健康发展，学校不分重点班、快慢班，考试后不排名次，不当众公布学生成绩。

学校遵纪守法，严格按照各种规章制度办学，无违规性乱收费行为，教职工无违法犯罪行为，教职工无体罚或变相体罚学生现象。

学校安全管理机构健全，管理人员充足，各项工作责任到位。学校有60多项安全管理制度，制度健全。各项安全应急预案能够落实到教职工和班级。学校主动配合有关部门做好校园周边安全工作，校园周边状况良好。我校学生伤害事故报告制度落实、善后处理合法。学校最近3年以来未发生属于学校责任的重大安全事故。

学校已经配备了法制副校长，能够按照规定履行职责。学校严格按照普法规划展开工作，认真记录工作内容，认真撰写年度普法工作总结，做到有考勤、有考核。学生法制课有长远规划，按规定时数开课，有统一的教材，师资稳定且专业。学校认真开展"六五"普法工作，做好规划、总结。学校召开专项会议，组织领导和教职工学习教育法律法规。

学校积极开展普法活动。例如：开展网上法律知识竞赛、启动第八届校园法律文化节、开展"遵法懂法，从我做起"暑假社会实践；拍摄微电影"青春·刀与法""青春·法庭"；总结"六五"普法，并与深圳市教育系统联合举办"六五"普法教育成果展。自建校以来，学校未发生交通、火灾等相关事故。

学校食堂按规定取得了食品流通许可证和餐饮服务许可证，并已制订了《食堂管理规章制度》。

学校领导、教职工、学生的法律素质高。学法、用法、依法办事是校园文化中重要的部分，法制教育成效明显，学校办学行为规范，建校八年以来，未受到主管部门通报批评或者处罚。

四、自主管理，养成学生尊重制度的良好校风、学风

学校办学活动坚持以学生为本，高度重视学生的素质教育，未在节假日和周末组织学生集体补课。学校能够全面贯彻国家教育方针，教育教学质量得到了稳步提升，形成了良好的校风、教风和学风，社会声誉良好。

针对寄宿制高中的学校特点，基于对学生的充分信任，我校建立了宿舍、班级、年级、学校的四级学生自治管理体系和诚信自律"银行"，在卫生、仪表、晨跑、课间操、早读、晚自习、课堂、就餐、就寝、乘车等方面全面实行学生自主管理，几乎覆盖了学生在校学习生活的全部时空。期中、期末考试设置无人监考的考场，周末配备接送学生的大巴，训练有素的学生车长负责人数清点和联络，工作一丝不苟。新学期开学，新生接待、入学教育等由学长团同学负责，他们编印《新生指导手册》，到教室、宿舍手把手地给予

新生指导，帮助新生尽快适应高中生活。

学校重视学生的自我发展。我校开办之初便创建了校学生会，学生会有完善的换届机制，每届学生干部通过各项活动全面发展自我，充分凸显了我校良好的素质教育。每年学校将举办家长会，加强家校合作，并聘请专家为家长举办讲座，提高家庭教育质量。学生会每学期都会组织实施"食堂、校园店学生满意度调查"，就同学们反映较为集中的问题进行调查取证，并与食堂经营方进行座谈，促进食堂、校园店改善服务。学校每年都召开学生代表大会，选举产生学生会，学生会干部在学生自主管理中发挥了重要作用。

实行学生自主管理，不仅使学生学会了尊重秩序、尊重他人，也避免了因管理而产生的师生对立，大大改善了师生关系，解放了教师，解放了学生，大大提高了德育工作的实效性。我校《学生四级自主管理的实验与研究》获批立项为广东省德育重点课题。

五、尊重和维护教师、学生的合法权益

教师的权利和义务明确，并在学校工作中得到落实。教师在职务评聘、继续教育等方面的合法权益得到保护，学校领导对全体教职员工也给予无微不至的关怀，三位校长办公室的大门都对师生敞开，并开设了校长和各部门负责人网上信箱，师生可以随时反映自己的意见和建议。学校尽力加快教师的入编调动，帮助教师解决孩子上学、家属就业等后顾之忧，使教师们能心情舒畅地开展工作。

每年春节，校领导都去部分留在深圳的教师家中进行慰问。每当节假日，学校都精心组织教职工开展联欢活动。学校工会组建了教工篮球队、排球队、羽毛球队、太极功夫扇队等体育社团，先后与多家单位开展友谊赛，选派代表队参加市教育系统羽毛球比赛、游泳比赛、拔河比赛、定向越野比赛等体育赛事。

学校坚持以学生为本，尊重学生人格，各项管理制度均以学生为中心，学生的各项权利得到尊重和有效保护，并能够以适当方式参与学校的管理工作。学校对学生进行的奖惩规则明确、程序正当、重视证据、公平公正，学生的知情权、陈述权、申辩权得到相应保障。学校没有发生过体罚或者变相体罚学生、限制学生人身自由以及侮辱歧视学生等现象。学校对受过处分的学生不

歧视，处分的期限与后果明确，给予相应的教育改正机会。学生的人身财产安全得到有效保障，没有发生由于学校过错而造成的学生伤害事故。学校积极落实《未成年人保护法》和《预防未成年人犯罪法》，其成效显著，依法保护了未成年学生的各项权利。

六、校务公开，民主监督机制健全

学校依法设立的工会和教职工代表大会机制健全、运行正常，充分发挥了保障教职工合法权益的作用。涉及与教职工切身利益相关的事务，以及学校开展的重大事项，学校都会经过教职工代表大会的讨论通过。

例如：我校制订的《奖励性绩效工资分配实施方案》，由于充分考虑了一线教师的利益，在奖励性绩效工资的分配上向一线教师倾斜，在一届二次教代会上全票通过；我校制订并通过了《中层干部遴选竞聘实施细则》，结合学校实际，设置了民主推荐、资格审查、竞聘演说、民主测评、竞聘笔试、综合考评等竞聘程序，在中层干部竞聘中发挥重要作用，确保干部竞聘的公开公正、阳光透明。

学校积极推行阳光校务，制订健全的校务公开工作方案，坚持按制度落实校务公开工作。有明确地向教职工和学生公开的项目，重大校务在校务公开栏和校园网上公示，落实校务公开的各项措施，保证了教职工对学校重大事项享有知情权、决策权，保证了学生、家长和社会对学校招生、收费等事务享有知情权。

学校建立健全了校内监督机制和有效的信息沟通渠道，监督方式明确、有效；学校成立了年级和学校两级家长委员会，定期组织召开家长会，广泛听取家长对学校工作的意见，共商学生教育和推动学校工作进步的良策。学校在校园网上开设校长信箱、部门主任信箱、班主任信箱，开通了校迅通，建立畅通的家校联系平台，使学生、家长以及教师对学校管理决策、教育教学活动的意见和建议能够及时反映给学校领导、行政部门，并得到相应的反馈。

学校定期组织家长对学校工作进行满意度调查，每学期组织学生对教师进行满意度调查，及时了解家长、学生对学校工作的意见与建议。多年来，对于教师和学校工作的开展，家长和学生的满意率均在90%以上。

学校建立公平、公正的校内争议解决机制，制订了校内教师申诉、职务评聘复核等相关制度，有处理相应问题的机构和人员。教师申诉处理机构的组成和议事规则公正、公开，使教师在职务评聘、待遇、奖惩等活动中产生的争议有相应的解决途径。

学校建立了学生申诉制度，有专门的学生申诉处理机构，处理因学生对学校处分不服而产生的争议，学生申诉处理机构的组成和议事规则公正、公开，能切实保护学生的权益。

七、加强法制宣传教育，法治氛围浓厚

学校领导清醒地认识到：学法、普法必须与学校管理工作相结合，依法治校，首先要加强教师与学生的法律意识，规范师生的个体行为，提高教师依法执教的意识和依法育人的能力，提高学生遵纪守法的自觉性。

学校认真做好教育普法工作，目标任务明确，措施有力，落实到位。建立了由学校主要领导负责的普法工作机构，普法工作做到有计划、有措施、有检查、有总结，任务到岗，责任到人，普法工作取得显著成效。

学校定期聘请律师、法官、警察等来校做普法讲座，学生法制教育以课堂为主渠道，计划、课时、师资落实到位。学校领导、教师、学生的法律学习形成制度，其法律素质得到明显提高。

学校组织全体教职员工认真学习相关法律，并开展专题讨论，坚决杜绝体罚与变相体罚学生、随意征订教辅资料、违规乱收费等现象，确立了依法治校、依法治教的观念。

学校聘请了法制副校长，其职责明确，积极发挥作用，定期与学校领导班子研究法制工作，积极协助做好校园的综合治理工作。

学校坚持开展法制宣传教育活动，内容丰富，形式多样。每学期开学的第一个月，学校坚持开展以法制教育为主题的校风建设月活动，对学生进行学校的各项规章制度和行为规范的教育，开辟法制宣传栏、墙报等，积极开展生动活泼的法制教育活动，评比行为规范标兵班级和标兵个人，倡导遵纪守法的良好风尚。

面对不断健全的法律、法规、条例、规章制度，我们根据不同的年级，在政治课、主题班会课、学期结束前的法制教育课中，进行相关的法律学习和宣传。我们组织了专题的法制演讲会、法制学习交流会和法制教育报告会等活动，使学生逐步认识到"法在生活中，生活中处处有法"，法律知识也是一门

生活的必修课。

经过卓有成效的工作,目前,我校全体师生高度认同学校的管理机制,依法办事已经成为自觉行为,学校形成了良好的法治氛围,体现了良好的法治精神,学校、教师、学生未发生严重违法犯罪行为。坚持依法治校,坚守教育理想,正成为我校的发展之本。

八、存在问题及努力方向

虽然"二高"在依法治校的探索上取得了一些成绩,但仍存在许多不足。我们要进一步加强校园普法文化建设,创新普法教育实践活动,拓宽普法教育渠道。

我校将以创建"依法治校示范校"的复评为新的契机,切实把依法治校工作落实到学校办学、教育和管理活动之中,全面提高依法治校、依法治教、依法办事、依法育人的自觉性。我们将坚持依法治校,规范管理,为办令人民满意的学校而努力。

（2015年10月）

接受学生献花

抓基层党建工作述职报告

（2018年）

根据市委教育工委统一部署，今天我就个人的抓基层党建工作述职如下，敬请领导和同志们评议。

一、主要工作

1. 以学习宣传贯彻十九大精神为契机，推进"两学一做"学习教育常态化

我校党委高度重视对党的十九大精神的学习宣传，制订了学校《党的十九大精神学习宣传贯彻工作方案》，按照方案着力开展好"十项活动"，由此"二高"的"两学一做"学习教育也得以常态化开展。

（1）宣传交流

十九大开幕前，校党委就利用电子屏、宣传栏、校园网、微信公众号等平台进行跟进宣传。十九大开幕当天，学校组织全体教职工通过电视或电脑收看会议实况，中午12时，校党委就利用党员微信群，向全校党员教工推送十九大报告全文等重要学习资料，并号召党员进行深入学习。

（2）传达学习

10月31日和11月1日，学校分别召开了党委扩大会和校长办公会，我分别向与会同志传达了十九大精神，并要求在今后的一个月，每位同志必须将党的十九大报告以及《习近平谈治国理政》系列丛书放在案头，每天学习，要在"学懂、弄通、做实"上下功夫。11月21日，校纪委书记宋文钦同志组织召开了专题纪委工作会，传达党的十九大精神。

（3）专题辅导

11月6日，校党委组织了十九大精神宣讲主题晨会，校党办夏媛主任做了题为《新时代催生新思想，新目标开启新未来》的主题讲话。12月25日下午，校党委特邀深圳大学党委副书记兼纪委书记陶一桃教授来校，以"十九大创新型国家建设目标与深圳实践及思考"为题为我校全体教工深度解读了十九大报告的精髓。

（4）党日活动

11月17日，校党委组织全校五个党支部召开"党的十九大精神"专题学习会，各支部书记都讲授了专题党课，重申了党的政治纪律和政治规矩，党员们也进行了深入讨论，会后各支部都提交了优秀学员的学习观后感。

（5）实践学习

12月20—24日，我带领部分党委委员、支部书记前往广西百色革命老区，以"学习十九大精神，不忘初心、牢记使命"为主题开展了重温党史、缅怀先烈的活动，参观了百色起义纪念馆和红七军军部旧址。

（6）团队活动

12月18日，校党团组织开展了"学习十九大精神，做社会主义合格建设者和可靠接班人"的主题班会活动。

（7）读书学习

为学习宣传十九大精神、提高党员干部业务素质，我校于11月12日组织全体党员干部召开"党员干部读书分享会"，让大家畅谈阅读《习近平谈治国理政》（第一卷）及《人类简史》的感受，其后启动了第二期"党员干部同读一本书"活动，为大家发放了《习近平谈治国理政》（第二卷）、《未来简史》、《统治与教育——从国民到公民》三本优秀书籍。

（8）考学检验

校党委积极组织广大党员参加"学报告、学党章"的考学活动，作为党委书记，我带头参加并夺得满分，我校126名党员全部参加考学，满分人数共30余人。

2. 以党委换届、中层干部岗位竞聘活动为契机，打造素质过硬的干部队伍

2017年2月，在市委教育工委的大力指导下，"二高"顺利完成了党委（纪委）换届工作，通过个人自荐、组织推荐、党员大会选举等规定程序，最终选出的党委委员和纪委委员都是德才兼备、群众基础良好的优秀同志。

3. 以开展市委教育工委"书记项目"为契机，推动党员先锋岗建设

"'二高'党员教师志愿者进社区"活动是"二高"自2013年就开始着力打造的市委教育工委"书记项目"之一。2017年3月至5月，校党委选派了优秀党员干部教师进入社区和初中学校为学生和家长送去教育信息服务，还利用周末在校内设立党员接待岗，义务为前来咨询的学生和家长答疑解惑。

4. 以推动"精准扶贫"为契机，锻造素质过硬的党员教师队伍

12月11日，校党委班子赴陆丰大屯村开展精准扶贫工作，为村委送去4万元帮扶款，为5户贫困户送去慰问金和生活用品。

同时，根据深圳市教育局和百色市教育局签订的教育帮扶框架协议，我校与广西百色祈福高级中学结为对口帮扶学校，两校间进行了卓有成效的项目对接。

二、存在问题

1. 学习宣传贯彻十九大精神情况

通过校党委的大力推动，"二高"学习宣传贯彻十九大精神的系列活动开展得有声有色，但是在"做实"精神的学习和联系实际解决问题方面，很多同志不知道怎样将十九大精神和我们的教育教学实际工作相结合，这就使得学习精神和推动工作存在错位的问题，如何在推动具体教育教学工作中落实十九大精神的内涵是我下一步要重点推动的工作。

2. 履行基层党建工作责任情况

2017年初，我校党委顺利完成换届选举工作，新的党委委员群众基础好，充满干事创业的热情，党委班子成员都能肩负起分管领域的职责。而我作为基层党建第一责任人也尽量深入群众进行调查研究，在充分听取干部群众意见的基础上，我们党委做出的决策群众认可度高、推动的工作实施效果好。

3. 推进"两学一做"学习教育常态化制度化情况

"二高"党委重视加强党支部建设，主要措施如下：2017年9月，由于年级和部门的人事变动，我校四个党支部进行了委员的补选，一个支部完成了党支部的换届。目前，"二高"各党支部书记强干、委员齐备、组织生活严肃，"三会一课"制度也得到很好的贯彻落实；2017年5月，市委组织部再次来我校进行中小学党建工作专项督查，检查中，工作组查出一点问题，就是党员活动记录簿上的记录不够规范，因为涉及重大问题的讨论，会议记录必须详细，记录必须是现场手写的，不能用打印稿作为会议记录等。

4. 推进落实学校基层党建工作情况

"二高"在"三会一课"、党费收缴、管理和使用等方面能严格遵照上级要求，也能积极完成党员信息排查等党建常规工作。由于对入党对象培养不充分，2017年，"二高"的党员发展指标未能如期完成，这是我校党委要深入反思的问题，党员发展工作将成为2018年"二高"党建工作的重中之重。

5. 推进党风廉政建设情况

我校党政领导班子成员主体责任明晰，学校校务和政务公开、民主参与、民主决策、民主监督机制完备，凡是涉及经费的使用都有章可循，一切依章、依规办事。"二高"的"2017年纪律教育学习月"系列活动也开展得有声有色、卓有成效。

6. 问题整改情况

针对去年查摆出的党建工作计划性不够强的问题，我校今年着重予以整改，做到年初有计划，活动有方案，月月回头看，年底有总结，保证了计划的修订和按期执行。

针对去年查摆出的党委宣传工作创新不足的问题，今年在党委的推动下，学校成立宣传工作组，进行任务分解、责任到人，有督促、有检查，同时借助新媒体、新平台，打破传统思维定式，采用党员群众喜闻乐见的形式开创了宣传新局面。

三、努力方向

1. 把党的政治建设摆在首位，夯实基层党建工作基础

根据上级要求，有序推进我校的党员发展工作，将基层一线的优秀骨干教师吸收进党组织。作为党委书记，我要坚定理想信念，加强政治理论学习，强化责任意识，严抓政治纪律，进一步落实从严治党各项要求；以身作则，率先垂范，抓好党建重点工作，对于重大问题和重点环节亲自协调；加强业务知识的学习，创造性地做好学校日常工作，推动学校新的发展。

2. 党风廉政建设常抓不懈，加强党员教师风气建设

坚持从严治校、规范管理，将"两学一做"学习教育活动常态化，保持党员队伍的纯洁性和先进性。在党员干部中大力推进"党员先锋岗"创岗活动，充分发挥优秀党员的先锋模范作用，增强党的凝聚力和号召力，进一步深化作风建设，进一步加强党员信仰、信念、信心的教育和养成，还要常常回头看，防止问题反复，做到党风廉政建设常抓不懈。

3. 以党建促发展，全面提升学校教育教学工作

（1）将十九大报告在教育方面"立德树人"的方针与"二高"的"三实"教育进行有机结合，防止出现十九大精神学习和具体工作落实"两张皮"的现象。

（2）做好2018年新高考改革的各项应对工作。

（3）努力打造创新教育，形成"二高"核心竞争力。

（4）做好学年教师职级职称评聘工作、修订校内教工评优评先方案、完善劳务派遣工作相关制度、做好新一届工会换届选举等重点工作。

今后，我将严格按照上级要求，围绕学校中心工作，解放思想、创新思路、大胆探索、勇于担当，进一步推动学校的党建工作。以上述职，敬请各位领导、同志们评议！

（2018年1月15日）

颁发荣誉证书

第二章

一种思想，描绘发展图景

纵览全局

我对办学的一些思考

——在2015年教职员工暑期培训大会上的讲话

各位老师：

大家上午好，辛苦了！

我重点要谈学校文化建设。学校文化建设是一个非常关键的内容。

我对"二高"还不是很了解，很多时候，需要我们慢慢去发现、去改变。我觉得"二高"还有很多地方可以去挖掘、去总结，只是我们没有看到，因为我们都太年轻。文化的形成是需要积淀的，我能感觉到我们比实验学校更有优势，因为年轻人非常多，年轻人的可塑性非常强。昨天，我在局里的总结会上，我也说了这么一点。我说，我在实验的时候我是"中人"，中间的中，在整个高中部，我排位在138位教师的中间，应该是第六七十位吧，但在"二高"的将近300位教职工中，我大概排在前十位，这里我说的是年龄。

我举这个例子是什么意思呢？在局里的总结会上，我没有说得这么细致，我只是简单点了一下。那就是说在实验学校，比我岁数大的人有一半以上，也就是说50岁以上的人就有一半以上；50岁以上做班主任的不止10位，我们一共36个班，大概占总体班主任人数的40%；那做班主任的超过25年的，在实验学校做班主任20年以上的，均集中在上面提到的40%这一比例。

下面，我举几个例子：你们可能都了解这位知名的数学教师——喻秋生老师比我大两岁，是我们数学学科主任，也是我们主管竞赛的老师，他带了两个数学实验班，教所有高一、高二、高三年级的数学竞赛题，既是学科主任，也是上一届高三实验班的班主任；可能教英语的老师也认识我们学校的邓忆波老师，她是1961年生人，现在依然做班主任。她是我们英语学科的主任，是我们最好的实验班的班主任，教两个班的英语。这样的例子太多了。其实不只这两位教师，我们的年轻教师就更不用说了。

所以在实验学校，我就算年轻人。我上课都上到了第13个年头，只是去年第14个年头我没有上课，因为我在外面学习了半年。我于2013年还在教高三，这就是实验学校的文化。难道是这些老师"傻"吗？答案当然是否定的。"实验"的文化形成之后，大家就觉得学生需要我，这个学校需要我，这个事情我做了，我觉得我有自己的价值所在，这就是我的工作。

大家可以聊一下，包括像我们刚提拔的教务处的副主任田祚鹏，他是一位数学老师，他的年龄也不小，1972年出生的，也教我们的重点班，既做教务处的副主任，又当重点班的班主任，还教两个最好班的数学，同时也要照常教竞赛课。那我刚才说了，不是就这么两个人我就单独举这么两个例子，而是"遍地开花"。所以，我说一旦形成这样一个学校的文化，学生是幸福的，教师也是幸福的。所以，他是通过自己的努力赢得的自豪感和社会地位。当然，"二高"发展到现在，是靠我们几代人共同努力的结果。我们第一代人为"二高"打下了一个基础，正所谓"十年育树，百年育人"。

刚才，我举例的邓忆波老师是一位女教师，今年应该是54岁了，正常应该是明年退休。那她的生活是不是把工作全放在学校上？实质上，她在学校工作就是学校工作内容，但她的业余生活是非常丰富多彩的。人活得就是一种心态，因为我在自己身上也能体会到这一点，所以，有人问我到"二高"累不累？我说不累。我之所以觉得挺轻松，是因为我在"二高"至少有黄校长和宋校长帮我分担了很多工作。在实验学校，虽然我是副校长，但是很多工作都要兼顾。但事实证明：我并没有累垮。

有人说我活得越来越年轻了，那就是一种心态的表现。当你觉得每一件事都困难的时候，也许一根稻草都能把你压倒。所以，你的正能量可以传递给下一代，正是你的坚韧，在生活中的坚韧，给我们的孩子竖立起威望。这就是我们所从事的教师行业与其他行业不同的地方。如果我们本身没有树立起这样的品质，想要教好一名学生是很难的。

所以，我们"二高"这个名字起得很好。我们就应该有这些教师的高水平和学生的高素质，我是这样简单总结的，至少有这样的两个高度。只有这样，才能在深圳市逐渐树立起我们"二高"的形象。

对于上面的话题，我在假期也一直在想，连坐在飞机上我都在想，我这个稿子改了很长时间。这两天在局里学习，我把我的稿子反复推翻了几次。今天早上6点多钟，我来到办公室，我就在想要不要改，后来就确定了这个稿子。我把主要的思想跟大家有一个交流，因为后面还有很多时间跟大家接触，对大家关注的问题都可以再进行深入的探讨。所以，我觉得办好这所学校的关键是我们怎么去思考的一个问题。所以，我今天一直在打这四个关键词，不管我提到什么问题，都围绕这四个关键词来和大家做一个沟通和交流。

刚才的内容，主要叙述的就是学校到底应该有一个什么样的文化的问题。学校文化是摸不着、看不到的，"学校是教育，学校处处是教育"，我觉得这句话确实是非常贴切的。因为一个学校的文化的形成不是喊几个口号、贴几个标语就是学校的文化了。当然，从某种意义而言，这几个口号、标语确实是校园文化，但只是校园文化的一部分。

当然，学校文化更关键的是文化的底蕴和思想。如果这所学校非常脏、非常乱，首先给人的第一感觉就不好，学校自然不能形成这种文化的气氛。学校的硬件是不可缺少的，但是硬件再好，它们需要我们的思想来支撑。所以，在"二高"的这段时间内，我能为"二高"做的是什么？也就是我的责任是什么？最底线是使得学校能够正常运转，最高线是使得学校的利益最大化。换句话说，我尽可能地为"二高"以后的十几年的发展打下良好基础。我不求获得什么样的成绩，也不期望在我的任期内获得什么成绩，但是我希望能够在我的任期内，无论是三年、五年、七年，还是八年，都能为"二高"未来的发展打下一个基础，但要打下这个基础，肯定就离不开我刚才说的这四个关键词。那么，这个基础是什么？我觉得可能就涉及关键的前两个词，就是文化建设和职能建设。那么基础要想形成，制度建设是非常关键的，这也是有文化的氛围。

我一来到这里就感觉到，我们大家对学校的发展渴望是非常高的，这是非常可喜的。但是学校要从哪几个方面出发，才能做到可持续发展呢？首先就是要公平。公平是我为这个学校做基础的最关键的一个要素。那怎么能做到公平？我觉得公平这个词，语文老师可能解释得更好一些，我觉得公平是相对的，而不是绝对的。昨天在局里开会时，有一位处长在发言中用了一个词，跟我的想法有点不谋而合。他说："不能让雷锋受委屈"，我觉得这是对公平的一个注解。那我的理解是：在一个社会中，在一个人群中，公平一定要向正义而去；或者按分配的原则来说，一定要多劳多得，不能让做得质量高、取得效果好的人吃亏。不能说我不想干，但又想要得到这个东西，那就不公平了。因为任何一个单位，任何一个组织，如果形成了即使我不干也和干的人拿得差不多，甚至比干的人拿得多的这种理念，那这个学校就不可能发展，这个单位也不可能发展。

昨天上午，局里请了华为培训的高管吴老师给我们做了一个报告，就是华为企业文化的管理。企业有企业的东西，学校更是这样，我们学校是育人的，我们不能用企业的标准，但是二者的思想是相通的。到底什么是公平？像大家关注的我们的绩效工资，当然，我们的制度建设一定要涉及这个问题，这是不能回避的。那到底怎么去理解，到底怎么去做到公平？我来了之后，无数人向我提意见，而这些意见的解决方案都是大家举手表决通过的。这叫民主，但民主也是相对的，民主要有土壤，要有环境，要靠我们的修养。国家把总额分下来了，大家觉得什么叫总额分配？就是说我这个单位到底给你拨多少钱作为绩效工资奖励。财政局下拨核算，不可能每个单位都给200万，如果都分200万，老师可能就没意见了：这钱跟我没关系，分200万，到时分多少我再看吧。他说以每个人1360元来分，他就觉得这1360元是我的，但这是两个概念，就像我们给各个年级发活动经费。原来是这样发：给高一发100元，给高二发500元，这不合理。那我只能说按人均100元来分，但如果只是这个人给100元，不是每个人给100元，那这就是这个团队活动的问题。其实这个概念大家要清楚。所以这个老师抱怨："你这1360元，我得了1000元。我少了，我吃亏了。"那你为什么得1000元呢？当然，这里有制度设计的不合理，制度设计不合理可以改。我应该得到这个钱，他比我干得还少，却比我拿得还多，这不合理。但他比你干得多，他拿1500元，你拿1100元，就要从你这里去分担，那这就是公平。因为我们是做教育的，我们就要遵守我们的合约，我们要有契约精神。你承诺了，你认可了，你就要承担你应负的责任。

学校的章程建设，我们需要反反复复地去做。我觉得我们首先要做什么呢？是把公平做好，也就是把制度做好。至于后面怎么评，是不是完全按照制度，不是我说了算。如评职称，制度怎么定的，就应该怎样去执行。这次评你，那次评他，我不会做这样的事情。我们可以反复去讨论制度，到底这个晋升怎么来晋升，如果大家同意了，按什么样的分数，怎样排队等。所以，做到民主，首先要求大家都有这种民主的思想。

以我们学校的《章程》为例，下半年，大家一定要进行反复讨论，学科组要讨论，备课组要讨论，年级组要讨论，管理层要讨论。我们要从横向、纵向进行讨论，使得这个《章程》切实符合我们学校的规定，那么我们就按这个去办。

昨天在局里开会，也透露了一个消息：职称改革一定会在近期实行。也就是说，我们的职称改革已经在市委办公会议上讨论通过了，最后要通过教育部的备案即可实行。下半年，我们要实行这个职称改革，职称改革跟我们学校的制度建设是紧密相连的。这里就涉及我们这样一个年轻的学校，怎么把这个问题利用好，使大家的积极性能充分调动起来。这样的一个制度建设一定与我们每个人息息相关，所以，我们只能先搭出一个架子，大家一定要充分讨论。在这之前，学校也在制订职级晋升制度，因为职称之间还有一个职级。这是深圳市今年大力推行的一件事，这与我们每个人息息相关。另外，到底能不能马上实行学校制度改革，因为这次职称改革最大一个问题就是把校长与教师剥离开了。校长由教育局去评，完全单独一个校长系列，这便于学校一个正常工作的开展。因为在区里、市属学校都还很好，我也看了我们学校的校级、中层干部拿到了中间平均数，实际上这个也不符合公平原则。因为在三级改革之前，我还没有看我们学校的具体情况，所以，公平一定要使得能干的人多拿，一定要向这个方向去发展。

另外一个，就是这个改革的力度可能很大。像"工资总额包干"这个肯定不是校长说了算。这个一定是通过全体教工、教代会共同决定的，需要我们拿出一个方案。

我刚才说了为什么要进行制度建设。我要做的，也就是恪守校长的职责，使得这些制度是公平的。只要公平了，大家通过了，我们就按照这个制度执行。

当然，我们不会考虑这么多，可能还是会有一些人性化的措施。当然，考虑到刚大学毕业、初入教坛的新教师，同样的岗位，新教师和老教师有一个差别，类似这些问题都要通过我们大家的集思广益才能达成更好的效果。当然，在深入贯彻市里相关指导意见的基础上，这学期我们的任务是非常艰巨的。我们首先要完成学校的《章程》，完成我们绩效工资的改革，完成我们的职称聘任，这是必须要完成的。所以这学期，我们大家可能会涉及很多这样的务虚会。为什么我刚才讲这么多？这不是几个领导"拍脑袋"就能决定的，"拍脑袋"的做法是不民主的，也是很难予以实施的，但是我们不可能说，我们什么都没有就让大家去讨论，这也不现实。我们毕竟都是"术业有专攻"，每位教师的课业又这么重，我们借鉴其他学校或者是各个城市的一些经验，起草一个基本的草案，希望大家要认真地去审视，因为这项工作对我们每个人来说都是息息相关的。以绩效工资为例，我们学校才成立八年的时间，绩效工资分配方案也在不断完善，这就跟我们的教育思想一样，一定要与时俱进。但是对于我们自己出台的东西，我们首先要有一个共识，这体现的是民主氛围是否良好的问题。

在创新发展中，我们学校有一个很好的基础，即创新新和发展。上学期末，黄校长代表学校做了一个学期的总结。大家对我们一年来的工作有一个基本的认识。刚才张主任已经说了，"二高"已经很好了，但我们要更好，就是因为我们有这么好的一个基础。我也简单罗列了这样几个问题。刚才我来之前，我看校园网又发了一条信息，就是我们的创客暑期在成都又获得了一系列大奖。在假期，体育老师蔡老师一直在给我发喜报，一会儿是市里的喜报，一会儿是全国的喜报。尽管这个假期我们都在休息，但实际上还有这么多老师在为学生服务，在为学校做贡献。当然，我们的成绩也是喜人的，像骆文熠获得高中男子组100米冠军，并且打破了高中男子100米的纪录。我们想想，我们"二高"人在全国100米赛道上拿了一个第一名，并且破了纪录，这个对"二高"荣誉的提升有很大的帮助。可见，"二高"的荣誉是通过方方面面来得以提升的。现在，大家虽然还不认识你，说明你的这些东西还是少，但是需要这样的积累，需要这样量的积累，因为量的积累能够达到质变。

记得我在给学生讲数学的时候，讲到什么叫量的积累时，学生就乐，之后我就说0.3333……这叫无限循环小数，这个大家都了解，这个就是量。你后面看多少个3，永远下去，你查多少也查不过来，但这个东西，你说是第万位，第十万位，就是3，他永远是333，这个就是量。你要是觉得这垒了多少我做了一个3、两个3、一万个3、十万个3，但是没有发生质的变化，但是0.3怎么变过来的呢？实际上是$\frac{1}{3}$，即1除以3除出来就是这个数。而0.333×3等于0.999，与1相差不远，但是毕竟还是不到1，因为这没有发生质的变化。但是反过来，$\frac{1}{3}×3$就等于1了。可能不学数学的人会一时转不过弯。刚才的0.333是1除以3得到的这个数，你永远下去就是0.333……这是个量。但是反过来，我怎么得到这个数呢？我没有除以$\frac{1}{3}$，我乘以3就是1，这是质变了，事实就是差那么一点，但是这只是一个量的积累。所以，"二高"想发生质变，刚才我为什么说这个题，说了这么长时间，就是想让大家明白，这个艰苦的程度不言而喻。所以，需要我们全体"二高"人不断地去积累这个东西。一位教师做得好，这只是一个量，但如果所有的家长和所有的学生都做得好，就是量变发生质变的过程。

没有一位校长不想把学校办好，也没有任何一位教师不想好好教学生，同样家长也希望学校好。我们的目标是一样的，都希望学校好。但是家长这个目标实现的途径和校长实现的途径能不能是一样的呢？肯定是不一样的，因为二者看待问题的角度是不一样的。我作为校长，这个老师换不换一定是由这个学校来做决定的，这首先是学校的一个权威。另外，我们要认可我们的老师。但如果我们通过反馈和调查，以及通过和老师的交谈，发现这个老师确实不适合，我们该换肯定是要换。但大家对问题的看法不一样，解决的渠道不一样，那这是公平的。所以，第三个问题就是我们在探索这些问题的时候，就要看到我们的成绩。

接下来，跟大家交流一下我对尊重教育的理解，对我们"二分天下"教育的总结。其实，我们的很多老师对育人的思想和教学的思想有很多的高见，像"二分天下"我觉得是一个非常好的教学理念。因为它渗透了我们中国人文的思想，中国讲平衡，天地为半。那么，在课堂中教师和学生各自为半，我们所处的空间位置也各自为半，所以，这里所说的"二分天下"的内涵很丰富，但是它绝对不是时间的各自为半。

张主任最近也在做一个课题，把"八大素养"和"二分天下"教学理念相结合。所以，我认为对于某些问题的交流，我们要多交流。但是作为教师，我们首先不要排斥这些理念，因为我们说了要给学生以思想，我们的思想一定要让学生能去批判和吸收。实际上，理念是相通的，这也是我一直在讲我们的理念的原因。

什么是教学？教学是启发。什么是启发？启发对学生课堂的生成至关重要。课堂讲什么？讲知识，讲备课，把大纲要求的讲完了，这个老师也就完成任务了，但仅仅是这样，这个老师就不是绝对意义上的老师了。因为我们要传递学科的素养、学科的方法、学科的思维方式和学科的文化。知识是一个载体，如果我们就知识讲知识，则失去了教育的本真。其实，这就是教育的本质。如果对高考肯定不考的知识，我们老师一律不讲了，就等于说我们的美术、信息技术等一些课都可以不上了。

教育本身是学习，学生是要进行全面发展的，但这个"全面"是相对的。每个人有每个人的个性，就像我们的老师不可能完全都一样。因为都是"一个模子"就没有文化可言了，学生也是如此。全面是指其本身内在的一个"全面"，对其而言，只要进步，也就"全面"了，我觉得这是很关键的。教育是为了每一个人，特别是对于我们这样的学校，都是为了每个孩子着想。

针对这一问题，放假前，有位老师跟我谈了他自己的一些想法。我就觉得确实是我们要引起注意的，我们没有关注到这个细节。不要说该学生是教工子弟，老师就要照顾他；不要说老师跟这名学生关系好，老师就照顾他，这个观念也错了。我们一定要把每一名学生都当作我们自己的孩子一样来看待，不能分亲疏，不能分好坏，只有这样，我们自己的老师和学生才会成长。当然，你的心态好了，学校才能因你而精彩，你才能放出美丽的光芒。换句话说，你才能因自己的精彩而骄傲，学生才会得到成长。

反过来说，这又涉及学校的文化方面。刚才说到"二分天下"，暂且不提，后面我们找机会再探讨"二分天下"这样一个课题。但我想跟大家说一个意思，就是如何去理解"二分天下"这个理念，千万不要把它当作一个名词来对待，而是要理解其内涵。

包括尊重教育理念的提出也是非常好的。就像今天，我们老师的素质是非常高的，为此我倍受鼓舞。这就是尊重的一个基本的表现。当然，尊重是

无所不在的，因为尊重是分场合、分地点、分情况的。这是传递给我们老师很重要的话，也是传递给学生很重要的话。尊重表现在你说话的方式、你穿着的方式、你交流的方式、你待人接物的方式、你传递信息的方式，等等。

再说制度方面。建立制度是为了没有制度，制度是为了少数人而建立的，但被多数人而执行。实际上，大家为什么觉得生活得比较苦呢？就是因为大家觉得有很多东西制约着我们。实际上，这个东西跟你没有关系，但是这个东西要不要制订呢？还必须要制订，因为"无规矩不成方圆"，基于这样的理念，制度就此产生。

我要想获得大家尊重，我必须先尊重大家。尊重一定是相互的，即我们想要获得别人的尊重，我们的孩子想要受到好的教育，我们要去找好的老师。那我们作为教师，我们是不是要把别人的孩子教好？因为别人的孩子也想受到好的教育，其实，对待孩子的教育问题，家长的想法都是一致的。

尊重理念教育是我们学校树立的一个良好典范，我希望它传递、物化到我们内心去，影响到我们的每一名学生，这不仅能让学生受益，也能让我们自身受益。

人与人之间出现误解，源于语言的沟通没有达到顺畅。所以，我们可以转化一种沟通方式，比如，可以找一个中间人解决彼此的问题。我们"二高"确实做得很好，因为尊重已经影响到我们"二高"的群体。但是我们需要提升，我们需要提炼到精华的部分，使得我们对它的理解能转化到我们的生活和行动中去，这就是我们"二高"文化的形成。

外校参观人员一来，不管在饮食方面，还是在交流方面，"二高"的老师表现出一种别样的气质，让人感觉到非常舒服。比如，我到"二高"时就有这种感觉，这就是学校文化的体现。这就是说文化需要积累，需要一段时间，不是说我们喊几个口号就行。不像实验学校，实验学校有统一的校服，大家一穿上校服都是一样的，那就不用说这个东西了。但受人尊重是分不同场合的，假如我跟别的老师去打球，穿这身正装去打球，那对方一看就感觉到没有受到尊重。特别是在我们校园内，有些东西不需要制度，像待人接物、穿着打扮等就需要一种思想，需要一种文化的积淀。

制度当然是死的。有个学校的老师说他们学校开始实行打卡，这是不是一个有效的管理方式呢？是。但是管住了这个时间管住了人心吗？不会。但打卡是一种管理手段。我想：我们的文化需要升华，也需要"自化"。刚才说了，就是方便自己的同时不要影响他人。如果你方便了，却造成别人的不方便，或者影响了他人，这个事就不能做，这是一个基础。

另外，我谈谈对教育的一个基本的看法。我们要分清场合，工作是工作，家庭是家庭，生活是生活，不要将之混谈。因为要在工作中谈生活，在生活中谈工作，那将让人活得有点累。

认真地去想一想我们到底能为教育做点什么？为什么说一个好学校要有一位好校长，为什么说当初是北大的校长让北大声名远扬？缘于其能静下心来想一些问题。我们现在忙于各种事务，就像我刚才说的我在实验学校的时候，我都不知道每天是怎么过的。从早晨来了备课、批作业、上课、处理公务、找学生谈话、找家长谈话、找老师谈话。最后，好像一想，几年下来，自己沉淀了什么？没有。一会儿开高三年级会、高二年级会、高一年级会，一会儿又开教务处会、家长会……好像讲了好多，但最后想想自己讲了什么？也不知道。那我想：如果校长都是这样的话，那这个学校能办好吗？也办不好。他只是一个勤务员，因为没有思想。如果一个学校没有思想的话，那这位校长就是平淡无趣，就是完成了一个基本的工作。所以，我们要更多地关注人的情感和人的需求，包括我们的教师和学生。

我对平淡无奇的理解，实际上我刚才在讲学校文化、制度管理时也在说这个问题，即对小事的态度。书是甜的，读书是苦的，这个是非常关键的。阅读立校，读书不应该只是一个爱好，而应该是一种生活。我喜欢这句话。一个学校，一位高中的校长，实际上，我在实验学校做了一件什么事呢？就是要读书，全体教师都要读书。这个读书我不强制，但关键是大家要有交流和分享。书中的奥秘确实使得人能够体会到生活的酸甜苦辣，能够使你的思想有一种火花的碰撞，能使你消沉，也能使你激情满怀，那就是读什么书的问题。书能使你心情开朗，能使你豁达，也能使你对问题的理解和认识有不同的感受。书读多了，使人与人的沟通变得更顺畅。书读完之后，你觉得是一次旅行，可以算是心灵的旅行，也可以作为一段时间和孩子交流的一种基础。

我又回到了这个话题，所以，我说我说话是有目的的。可能大家觉得我好像说得杂乱无章。我是数学老师，实际上我愿意按这个条理讲，我又不愿意按这个条理讲。条理就是大家看到一条一条的，实际上我转了一圈，又回到我要说的话题，刚才我说道读书是和孩子交流的一个基础，我们大家会发现，几年之后，你与孩子没有话题了，你跟他没有交融点，孩子和你不亲了。今年，我去参加女儿的研究生毕业典礼，我女儿还坐在我大腿上，她有一米七多高。我说这个是什么意思呢？交流会使得你和孩子没有距离。那你靠什么去交流呢？靠你的阅历？靠你的权威？靠你是父亲？靠你是家长？靠你有钱来支持她的学业？我想一定不是，这样的孩子一定不会成才。那么，你对学校的孩子能传递什么？对自己的孩子能传递什么？从哪些方面传递给学生？答案就是阅读。我女儿说："妈妈，你要向爸爸学习。"她学理工科的，天天研究那个数字，比我研究的还多，这个我能感觉到。从我的家庭中我都能感觉到，妈妈只跟女儿谈生活，聊家庭的琐事。假如我也不跟孩子聊的话，孩子这一段的成长靠谁呢？我想各个家庭都会这样，一定有一个要聊这方面的相关话题。聊什么？如果我不读书的话，可能我就只会说诸如"你要好好学习啊！""你学到什么地方了？""你什么时候毕业啊，找个什么工作呢？""你这个不行啊，你这个钱花多了，你要好好吃饭啊！"仅此而已。可能孩子小的时候还听你的，但父母是有有效期的，所以说交流读书，读书才能交流。教师提倡学生读书，实际上我们每一天也应该读书。我也只能坚持每一天读两页，读不了多少，有人敲门，就读一页就合上了。我觉得就是逼着自己读两页，这两页读完了，可能你一个字都没记住，但是只要你坚持读下去，一定会有一些思考留下来。再深一点，通过读书，我们能够去欣赏、去体会，那就更好了。所以，我想从这个学期开始，我们的学生有一个双证（一个游泳证、一个书写证），我觉得还应该有一个阅读证。不是给老师，我说的是给学生。学生需要，因为我们成年人不一样，成年人需要大家一起交流。学生呢？他还不了解。像有的家长，你告诉他，学生不听，那学校就有责任给学生做一些引导。我们说要有规定，也要有一个发展的方向。我觉得我们综合课程的开展，这里我引进了综合课程，像学校课程、学生综合课程等很多东西都可以去做。除规定的国家课程，我们还可以给学生开拓一些课程，不一定都是我们老师亲自去教，也可以学生自己去完成，像这样的最基本的素养我们可以去见证。

剩下的问题，对尊重的理解，对"二分天下"的理解，我们找时间再进行深入交流。有关教学，我简单提几点：我刚才讲了，"二分天下"，实际上就是有效教学。那么，怎样的教学才有效？针对这个问题，我在今年高三的会上讲了这一点，但因时间的问题没有讲完，也没有讲透。我也是提一个纲领性的东西，后面我们再做探索。因为教学是一个很复杂的东西，也需要我们有一定的理解。每个人有每个人的特点，学校要形成一个基本的东西。我觉得不管怎么改和怎么教，三个"实"是要达到的，离开这个就是"虚"的。刚才，我就举了例子讲如何开展学习。当然名声再好听，只是一个包装；形式再多样，只是一个形式。要想达到目的，你要用这些平台，是发展课堂也好，是发展慕课也好，是发展微课也好……这些只是一种形式。形式必须通过内容加以实现，内容才是最精华的部分。我要做的就是给"二高"打下一个基础。教学要想实现所有的东西，最关键的还是基础。什么是基础？老师的基本素养是基础，老师的基本功肯定也是基础，对教材的理解也是基础，对大纲的理解肯定是基础。明年的新高考试卷，我要求今年的新高三老师要研究所有的前三年试题，如果你没有基础，没有研究，肯定是不行的。所以，我觉得教师的教学首先要真实、扎实，最关键的是对课堂教学有一个评价，因为我们的学科主任和备课组长要对我们的教学评价有一个理论性的认知，以跟上时代的脚步。

到底什么样的课才叫一堂好课？实际上这跟评价有关。当然这评价对学生好不好？第一，我们的评价课，关键是评价老师的讲解，这个没有问题，这个在原来肯定都有，但现在来说还远远不够。应该看这堂课学生的接受能力如何，且评价的目标要完整。当然，如果老师讲得不好，学生接受得肯定不好，这跟华为的管理理念不谋而合。第二，我们一般要看课堂教学环节的完备性。就这堂课而言，我们要解决什么问题，解决问题要通过什么方式来得以实现，最后明确学生是否能接受。第三，评价课堂的活跃性。我觉得应该改变评价为学生思维的活跃度，即课堂的活跃性只是一个表面的行为，不要被一个表面的行为所迷惑。那么，课堂如何创新？你把学生的思维调动起来了，如果学生的思维都变得活跃了，便会自然而然地激发起学生求知的欲望。但如果你教完了相关内容，学生也没有问题，可一考试学生却又都不会了。老师跟我反映：这题至少已经讲三遍了，这题给学生已经"押"过了，可他们还不会做，这就需要老师自己反思一下了。我们还是回到刚才的话题，文化决定你的命运。所以，认同感是非常关键的。

所以，我认为：我们的下一代，如果想我们的家庭好，我们的教育者就需要使得我们的学生至少能够爱自己，学会感恩。我们的学生被教育得很好，懂礼貌、会尊重、知感恩。特别是在高三毕业典礼上，通过学生的发言，我们能感觉到他们发自内心地对老师感恩，我觉得这个教育就是成功的教育。我想：包括我们的中层和所有的老师，首先要知道校长的一个最基本的想法是什么，才能进行有效互动。所以，我想借教工大会的这两个小时给教师做一个培训，跟大家做一个沟通。可能有很多不当的地方，这也是我的一家之言。教育思想是每个人都有的，每个人都是可以发表的，到底怎么去做，才能形成我们"二高"特有的文化和品质？才能成就我们教师的高水平，学生的高素养？归根结底就是为了我们的下一代，为了我们的国家——因为只有国家强盛了，我们的下一代健康成长起来，才能国富民强。这是我们作为"二高"教育者或者"二高"人理应承担的一份担当和责任。所以，为了每个孩子都能形成进步的教育发展观，在感恩和爱的期待中促进学生的健康成长，也促进我们每个人的幸福，让我们共同携手。

谢谢大家！

（2015年8月29日，根据录音整理）

参加"深圳市中小学生艺术展演"活动

健全制度机制　深化教学改革

——深圳市教育局干部培训会发言

进入新的学年，我校将继续贯彻落实教育规划纲要精神，全面实施深圳市教育局发布的《关于进一步提升中小学生综合素养的指导意见》，坚定不移地走内涵发展之路，全力提升学生八大素养，为实现学校新的跨越奠定坚实的基础。主要工作思路有以下几点：

一、健全制度机制，落实主体责任，加强学校管理

根据市教育局的要求，我校重新拟定符合"二高"实际、富有"二高"特色的《章程》，在《章程》的制订过程中，充分重视《章程》的形成过程，最大限度地加大参与度。用学校的《章程》来完善各项制度，用制度来加强学校的管理。作为依法治校的示范单位，"二高"在2014—2015学年重新修订完善了校内各项规章制度100多项，做到人人有章可循，事事有法可依。我校不断强化制度观念与责任意识，认真组织全校干部职工学习了解各项制度规范，营造依法治校的环境和氛围，提高制度规范的约束力，形成学制度、用制度、讲规范、见成效的良好局面。

在"二高"即将迎来建校十周年之际，我们将提前做好学校的第二个十年发展规划的制订工作，争取以较好的姿态迎接"二高"的发展。

二、全面提升学生"八大素养"，持续推动学校内涵发展

为实现深化教育综合改革的重要目标，进一步提升学生的综合素养，深圳市教育局发布了《关于进一步提升中小学生综合素养的指导意见》（以下

简称《指导意见》），学校将在《指导意见》的指导下，全面推进学生"八大素养"提升行动的开展。为此，学校将认真制订《关于开展提升中小学学生综合素养的实施方案》，积极申报"基于'二分天下'理念的高中课堂教学模式改革深化研究"课题，力争以课题为引领，将提升学生的"八大素养"落实到课堂教学中，实现"八大素养"的学科化，构建提升学生综合素养的完整支撑体系，将提升学生综合素养、学校课程建设与教师职业素养三方面的发展相结合，全面持续推动学校的内涵发展。

三、深化教学改革、提升办学质量

1. 深入研究，有效推进课堂教学改革

（1）通过课堂教学改革，实现教学质量增长方式的转变

经过两年多的探索与实践，"二高"的"二分天下"课堂教学结构模式取得了明显的成效，在市内产生了一定影响。我校将认真总结"二分天下"课堂教学结构模式的经验，进一步做好翻转课堂、平板课堂、走班课堂等课堂教学改革实验，在不断总结的基础上，积极论证推广。争取在较短的一段时间内探索出符合"二高"实际、具有"二高"特色的教学模式，为深圳教育改革做点实事。

（2）配合高考改革，我校将认真研究两个动态

这两个动态指的是新课标全国高考试题和新的高考方案。做到提前策划和布局，以此进一步促进课堂教学的改革，进一步提升学校的教学质量。

2. 课堂教学改革的实施措施

（1）理论先行，构建模式

"二高"着力构建和完善课堂教学新模式，必须做好以下四个方面的工作：

一是建构理论框架，规范操作体系。课堂教学新模式必须体现以教师为主导、学生为主体的课堂改革思想，注重激发学生的学习兴趣和主动学习的内驱力，建立导与学的课堂教学"二元结构"，最大限度地唤醒学生内在的学习热情与学习动力，最大限度地释放学生的潜能。依靠学生之间以及学生自我教育的能力去开展学习上的独立钻研，进行创造性的学习，让每一名学生不仅在学业成绩上有所进步，同时在综合素质上都有所发展，实现教育的最大增值。

二是不断改革创新，优化教学方法。教师要根据不同的教学对象、不同

的教学内容、不同的课型，采用不同的教学方法，建构自主、合作、探究的学习模式，最重要的是让学生动起来（口、手、脑）。

三是目标明确统一，形式灵活多样。围绕新的课堂教学模式的探索与实践，积极组织全校教师观摩交流活动。通过主题研讨会的形式，不断凝聚共识，积极推进课堂教学模式的探讨和提炼，通过组织教师"示范"课、教师"过关"课等活动，不断促进与推动课堂改革在课堂无死角地深入进行。

四是立足"二高"实际，突出校本特色。"二高"是一所正在蓬勃发展的学校，处在一个关键的上升期，课堂改革必须与我校教师队伍建设和市教师队伍建设年实际相结合，打造一支有志于推进教学改革的教师队伍，努力探索适合本校特点的课堂教学改革模式，形成"二高"特色。

（2）评价导向，完备体系

我校要把教学评价体系建立作为课堂教学改革管理的出发点和落脚点，积极拓展工作新思路，不断完善评价指标体系，用科学的评价促进课堂教学改革。

（3）交流研讨，相互促进

开展教学观摩，组织论坛活动。以"课堂教学改革与有效课堂建设"为主题，围绕教学理念转变、教学方法探讨、教学评价、学生评价、教学模式构建、有效课堂建设、课堂文化形成等研究性问题开展研讨，探索课堂教学改革的有效方法与策略，交流课堂教学改革的得与失。不断增强课堂教学改革的实效性，提高课堂教学效益，努力打造有效课堂，促进广大教师的专业成长。以课堂教学改革经验、有效教学的建构及课堂文化形成，引领课堂教学改革的进一步发展。

四、加快课程改革的步伐，为学生提供更多的课程选择

进一步优化学校课程结构，构建包含基础课程、拓展课程、特色课程在内的具有"二高"特色的课程体系。夯实基础课程，丰富拓展课程，创新特色课程，增加选修课程的课时比重，加大校本选修课程的开发与实施力度，扩大课程的选择性和实效性。

（1）继续推进创新教育，创建一批特色实验室。陆续启用包括机器人实验室、生物组培实验室、医学救护体验室等一批创新实验室，丰富学生动手

探究与体验的实验项目和内容的课程学习，全力提升学生的创新意识和创新能力。

（2）完善具有"二高"特色的双合格证制度，在高一年级启动游泳、汉字书写双合格证制度，"二高"的学生在三年时间内须取得这两门校本课程的合格证，方能获得毕业证书。

（3）进一步完善阳光评价体系，深入研究、对接市教科院制订出台的综合素养评价指标体系，建立学生综合素养成长电子档案。

（4）依托深圳市艺术教育基地，全力创建学校艺术教育特色。位于我校的深圳市艺术教育基地已经开始运作，与之配套的艺术楼也将正式投入使用，我校将以此为契机，大力加强艺术教育课程改革，积极推进艺术教育的发展，力争在短时间内打造具有"二高"特色的艺术教育，助力"二高"的未来发展。

在新的学年，学校将继续深化教育改革，以提升学生"八大素养"为重点，把提升教育质量作为学校教育改革发展的核心任务，积极培育学校发展新的增长点。全校师生将砥砺奋进，以实干促发展，努力开创学校发展的新局面。

（2015年8月27日至28日）

明日之校长的理性与诗意

站在这个风云际会、日新月异的时代，猜想明日之学校与明日之校长的模样，是对我们想象力的一次挑战。只有把握明日世界发展的大趋势，才能把握教育发展的大趋势，才能建设符合时代发展的学校，只有拥有前瞻性眼光并具备把握未来发展趋势能力的人，才是一位合格的明日之校长。明日之校长应有理性，也应有诗意，他们在对现实目标的批判和超越中，强化了教育引领时代、提升社会的功能，以自己卓有成效的探索和实践，把学生培养成符合未来发展的和谐的人。

诗意一：凝练先进办学理念，凸显明日之校长的教育情怀

明日之校长，应扛起具有未来意识的办学理念旗帜

未来时代需要什么样的人才，这是一个没有标准答案的命题。在信息急剧膨胀的时代，未来变化将非常复杂，难以预测。未来的学校可能没有围墙，甚至可能没有教室，而只有功能强大的多媒体信息化技术系统。但不管变化如何急促，关于人的本质的东西是恒久不变的，诸如：人格健全、和谐品质、尊重意识、个性发展等人性中应该永存的东西永不会变。明日之校长应该站在现实的基础上，以强烈的未来意识探寻符合时代发展的办学理念，即在任何时代、任何时候，校长的办学理念都将决定学校的发展方向和办学成果。苏霍姆林斯基说过，"校长对学校的领导首先是教育思想的领导，而后才是行政的领导。"这在未来，也是准确的。

我们身处一个充满变革、快速发展的时代，当马云依靠互联网、物联网，仅在"双十一"一天就卖出912.17亿元货物时，作为一个具有先进教育思想的明日之校长，我们必须明白这是一个怎样的时代？时代的变革会带给我们的教育一些什么启发？我们又将如何应对？说到对时代的认知，有一本书和一封信让我印象深刻。这本书就是清华大学出版社出版的《大数据时代的历史机遇——产业变革与数据科学》，其中第二部分专门分析了大数据时代将给教育事业的发展提供哪些机遇并带来哪些挑战，而让我印象最为深刻的就是其引言中谈到的，2012年奥巴马连任美国总统是"大数据"的胜利，为了连任成功，奥巴马的数据团队对数以千万计的选民邮件进行大数据深度挖掘，精确预测出更可能拥护奥巴马的选民类型，进行有针对性的宣传，从而帮助奥巴马成为美国历史上唯一一位在竞选经费处于劣势情况下实现连任的总统。无疑，奥巴马的胜利宣告了大数据时代的到来。而这两天，Facebook（脸谱）的创始人扎克伯格给他初生女儿的一封信，更是引起了全世界的广泛关注。扎克伯格除了在信中宣布他将捐出"脸谱"99%的股份用于建立慈善基金外，还在信中描绘了他期待的"互联网社区+教育"的新模式。在他看来，全世界的学生们将使用个性化的网络学习工具，这一个性化的学习方式将成为一种灵活的方式，从而让所有学生获得更好的教育和更为公平的机遇。这一书一信给我的影响很大，透过他们，我已经可以预见"互联网+"时代和"大数据"时代的到来会给我们的教育带来怎样的改变——那就是教育将更加个性化，孔夫子提出的"因材施教"原则将在学校中被更彻底的贯彻，一场由信息技术引领的教育变革正在或即将改变我们的教育！作为明日之校长，我们必须对未来教育进行以下畅想：

1. "互联网+"改变我们的学校课程

互联网使我们的课程从组织结构到基本内容都发生了巨大变化，同样因其海量的资源，使得各学科课程内容全面拓展与更新，适合学生的诸多前沿知识能够及时地进入课堂，成为学生的精神套餐，课程内容艺术化、生活化也将变成现实。以《景泰蓝的制作》这节语文课为例，教师要想讲清景泰蓝的制作程序那简直难如登天，在以前语文教师常常是口干舌燥地描绘景泰蓝的模样，说明每道制作工序，结果一堂语文课倒像是一节工艺制作课，学生还始终如坠十里云雾，糊涂一片。如今，互联网上有大量图文并茂的景泰蓝制作流程，更有大量景泰蓝实物彩照，还有CCTV10精心制作的《手艺Ⅱ——景泰之蓝》视频，语文教师甚至可以不发一言，学生对景泰蓝的方方面面就能了如指掌。通过互联网，学生获得的知识之丰富和先进，甚至完全可能超越作者。

2. "互联网+"和"大数据"分析将改变我们的学校教学

我们可以透过网络教学平台、网络教学系统、网络教学资源、网络教学软件、网络教学视频等诸多全新平台,帮助教师树立先进的教学理念,改变课堂教学手段,提升教学素养,改变传统的教学组织形式。正是因为互联网技术的发展,以先学后教为特征的"翻转课堂"才能真正成为现实。同时,通过互联网,教学中的师生互动不再流于形式,完全突破了课堂上的时空限制,学生几乎可以随时随地随心地与同伴沟通,与教师交流。在互联网天地中,教师的主导作用达到了最高限度,教师通过移动终端,能及时给予学生点拨指导。同时,教师不再居高临下地向学生灌输知识,更多的是提供资源的链接,实施兴趣的激发,进行思维的引领。由于随时可以通过互联网将教学的触角伸向任何一个领域的任何一个角落,甚至可以与远在千里之外的各行各业的名家能手进行即时视频聊天,因此,教师的课堂教学变得更为自如,方法变得更为多样。当学生在课堂上能够获得他们想要的知识、见到自己仰慕的人物,甚至能够通过形象的画面和声音解开心中的各种疑惑时,可以想象他们对于这一学科的喜爱将是无以复加的。

同时,我们可以依托技术手段进行大数据收集、整理、分析,更深刻地了解我们的教育对象,走进每一名学生,开展针对性的教学,真正实现"因材施教"。比如,我们将机器人辅助教学和大数据结合起来,让机器人记录下教学环节中每一名学生的微观表现:他在什么时候翻开书,在听到什么话的时候会微笑点头,在一道题上逗留了多久,在不同学科课堂上开小差的次数分别为多少,会向多少同班同学主动发起交流;做作业和考试时,记录他在每一道题上所花的时间,对哪道题进行了修改,把哪道题做对了,哪道题做错了,等等。对于这些大数据的分析整合能够解答课程是否吸引学生,怎样的师生互动方式会受到欢迎,教学中的难点体现在哪里,如何教学最有效,学生的思维误区体现在哪里,对哪个知识点的把握还不牢固等,教师通过对上述数据的收集、整理和分析,再利用互联网技术,可以为每一名学生制订有针对性的学习方案,及时修正其学习效果,从而让我们的教学更具有效性。

同时,学习方式的多样性正在改变传统的学校教育,教育不单是学校的事情,将学校教育有机地与社会相结合,学习延伸到互联网、社区及家庭。"互联网+教育"的时代会结合得更紧密,有些课程在互联网、社区就可以完成,其学校认定互联网及社区的学分加入明日学校的学分体系,进一步整合社会资源,为创新人才的培养提供土壤,形成互联网、学校、社区、家庭四轮驱动的创新人才培养观。

比如，我们可以组织教师录制5~10分钟一集的"微课"，针对某一知识点进行重点讲解，并将视频放在网络上，学生可以根据自己的需要在课前、课后自行观看，定制私人学习计划。甚至，在未来的课堂教学中，教师不需要对基本的记忆性的知识点去进行讲解，可以将某一门学科的所有知识点都录成微课，将其全部放在互联网上，学生可以像去餐厅点菜一般，进行网络课程菜单式定制，对自己已经理解的内容不必浪费时间去学习，而是根据自己的学习进度去观看、去学习那些未知的内容。教师的课堂教学的重点将变成帮助学生系统梳理知识系统架构，点拨、启发学生对未知进行探索，对思维进行拓展。

我们还可以将现在社会上优秀的慕课平台引入校园，比如，斯坦福大学官方的"Stanford Online"，由英国12所高校联合发起并集合了全英许多优秀大学的"Future Learn"平台、网易公司开发的"网易公开课"等，或许大家会觉得这些课程对于我们的学生过于精深，但我认为我们高中的学生或者我们的授课教师听听国外大学讲坛上的知名教授讲授的课程，对思维的拓展绝对是有好处的。我们学校一位年轻的政治老师曾跟我感慨过："校长，以我的人生阅历、知识储备和对人生的领悟，给学生们上哲学课讲人生价值时，总感觉特别生硬，毫无吸引力，后来我发现了'网易公开课'，他里面有一部由26堂课组成的'耶鲁大学公开课：哲学—死亡'，里面专门有两堂课在探讨生命的价值，看了以后，我本人就深受启发，我将教授们讲课的精华运用在我的教学之中，学生特别喜欢。"听完后，我就在想：其实这就是慕课在我们校园中的应用。所谓慕课（MOOC），顾名思义，"M"代表Massive（大规模），与传统课程只有几十名或几百名学生不同，一门慕课课程动辄上万人，最多可达16万人；第二个字母"O"代表Open（开放），以兴趣引导方向，凡是想学习的学生都可以进来学，不分国籍，只需一个邮箱，就可注册参与；第三个字母"O"代表Online（在线），学习在网上完成，无须旅行，不受时空限制；第四个字母"C"代表Course（代表课程的意思）。慕课有三大特点：一是规模大，它绝不可能是个人发布的一两门课程。二是课程开放，有一个知名慕课网站首页上有这么一句话："你有一个苹果分给别人一半，你还有一半；你有一门知识，教会别人，你和别人都拥有一门知识"。第三个特点就是慕课的课程全部依托于互联网传播的网络课程，而非面对面的课程，人们上课的地点不受局限。无论你身在何处，都可以花最少的钱享受知名大学的一流课程，只需一台电脑和网络连接即可。未来，伴随慕课的发展，它一定会对我们的学生的学习大有裨益。据我了解，目前国内在基础教育方面，优秀的慕课平台并非很多，像由优酷公司在上海打造的"酷学习"基础教育慕课公益网是其中的佼佼者。我想：未来我们是不是可以能够联合深圳、香港两地的优秀学校的优秀教师，共同开发一些小学、初中、高中的慕课课程，让更多的学生能够因此受益。

3. "互联网+"和"大数据"分析改变学生的学习

互联网创造了如今十分火爆的移动学习，但它绝对不仅仅是作为简单的即时、随地可学习的一种方式而存在的概念，它代表的是学生学习观念与行为方式的转变。通过互联网，学生学习的主观能动性得以强化，学生可以在互联网世界中寻找到学习的需求与价值，寻找到不需要死记硬背的高效学习方式，寻找到可以解开其诸多学习疑惑的答案。研究性学习已经被倡导多年，但一直没能在中小学得以真正的应用和推广，重要的原因就在于它受制于研究的指导者、研究的场地、研究的资源、研究的财力、物力等因素，但随着互联网技术的日益发展，这些问题基本都能迎刃而解。在网络的天地间，学生对于研究对象可以轻松地进行全面、多角度的观察，可以对相识或陌生的人群做大规模的调研，甚至可以进行虚拟的科学实验。当互联网技术成为学生手中的一把利器，学生才能真正确立主体地位，摆脱学习的被动感，自主学习才能从口号变为实际行动。大多数学生都将有能力在互联网世界中探索知识、发现问题，并寻找解决的途径。互联网对于教师的影响同样是巨大的，教师远程培训的兴起完全基于互联网技术的发展，而教师终身学习的理念也在互联网世界里变得现实，对于多数使用互联网的教师来说，他们十分清楚自己曾经拥有的知识是以这样的速度在锐减老化，也真正懂得"弟子不必不如师，师不必贤于弟子"的道理。互联网不但改变着教师的教学态度和技能，同样也改变了教师的学习态度和方法。他不再以教师的权威俯视学生，而是真正蹲下身来与学生对话，成为学生的合作伙伴，与他们共同进行探究式学习。

4. "互联网+"和"大数据"分析改变我们的教学评价

现在有一个热词，就是"网评"。在教育领域里，"网评"已经成为现代教育教学管理工作的重要手段。我们学校每到学年末，都会组织学生通过网络平台给教师的教育教学进行打分，组织教师通过网络平台给教育行政部门及领导打分,而深圳市教育局也会在年末组织各校教师给学校校长进行打分,学校和教育局就是通过网络大数据对不同的学校、教师的教育教学活动及时进行相应的评价与监控,确保每所学校、每位教师都能获得良性发展。换句话说,在"互联网+"时代,教育领域里的每个人既是评价的主体也是评价的对象,而社会各阶层也将更容易通过网络介入对教育的评价。此外,互联网和大数据改变的不仅仅是上述评价的方式,更大的变化还有评价的内容或标准。例如,传统教育教学体制下,教师的教育教学水平基本由学生的成绩来体现,而在"互联网+"时代,教师的信息组织与整合、教师教育教学研究成果的转化、教师积累的经验通过互联网获得共享的程度等,这都将成为教师考评的重要指标。

  以上就是我作为一位校长对未来的认识,即对未来时代可能给教育带来的变革的一种理解和把握。我认为,明日之校长应该密切关注未来世界的变化,敏锐把握世界发展的趋势,以未来眼光、人类情怀,凝练出符合学生未来发展的办学理念,用以指导学校的建设与发展。按照时代的发展趋势,这种办学理念无论怎么表述,都应该具有以下关键内涵:后信息化、开放、内省、交往、探索、想象、个性等,即在后信息化时代,学校必须以一种开放的姿态培养具备内省意识、积极交往、勇于探索、富有想象力和个性色彩突出的、有创新意识的学生,以帮助学生在未来时代能够适应时代需求,探寻幸福人生。

  无论教育如何改变,我们进行教育的初衷都不曾改变,我们希望通过我们的教育引导,让我们的教育对象能够在社会立足,能够生活得更好,能够给社会贡献更多的力量,这恰恰也是很多父母期望自己孩子所能做到的。但很多望子成龙的父母认为,要让孩子获得成功,就必须提升他的认知技能,也就是我们常说的"学得好,考试成绩才好",而当今美国最为时髦的"Grit"教育理念却对此观念进行了有力反击。"Grit教育"理念的奉行者认为,对孩子性格特质的培养远比认知技能的培养更为重要,因为决定孩子成功的最重要因素,并不是我们给幼年的孩子灌输多少知识,而在于能否帮助孩子培养一系列的重要性格特质,如毅力、自我控制、好奇心、责任心、勇气以及自信心,这些都将影响其一生。Grit一词可译为"坚毅",但其含义远比毅力、勤勉、坚强要丰富得多。Grit是对长期目标的持续激情及持久耐力,是不忘初衷、专注投入、坚持不懈,是一种包含了自我激励、自我约束和自我调整的性格特征。

如果你发现一个孩子"能很投入地一直做一件事很久",这就是Grit。Angela lee Duckworth在2013年TED演讲时,曾给予Grit如是定义:"向着长期的目标,坚持自己的激情,即便历经失败,依然能够坚持不懈地努力下去,这种品质就叫作坚毅。"在美国电影《阿甘正传》中,智力有缺陷的阿甘,不正是凭借自己的坚毅,对跑步的坚持,获得了成功,赢得了尊严吗?!所以,现在国内越来越多的教育者和父母意识到Grit品质对于学生的重要性,并努力尝试通过课程开发培养学生的意志品质。在这方面,我们学校也尝试通过推行"三证"制度,培养学生的Grit品质。我们的"三证"分别是书写证、游泳证、阅读证,我们设计了相应的书法课、游泳课和阅读课,引导学生利用高中三年时间练得一手好字、学会一种泳姿、习得阅读本领,特别是书法和阅读,绝非一日之功,在练字和阅读的过程中经受磨炼,自然而然就会慢慢帮助学生培养出坚毅的品质,这才是会使学生受益终身的本领。

而在"互联网+"时代的今天,国家倡导大众创业、万众创新,从而形成创新型社会,促进从中国制造到中国创造的转型。如何实现全民创新?除了必要的体制建设及经济驱动以外,学校教育应起到重要作用,培养创新型人才是我们的责任,创新能力有多强,其国力就有多强,因此,如何培养创新型人才是明日之学校必须付诸实践的路径。全民创新的背景下,学校教育形态将发生改变,跨学科学习将成为常态。校园创客空间将成为明日学校的基础设施,其创客课程就好比运动场、图书馆、体育课,这是学校之必备。全民健身,全民阅读,全民创新,实现人的全面发展,明日之学校是"创"的时代,百花齐放,跨学科学习将成为可能,让"做中学、玩中创",从项目中学习知识,从接受式学习向发现式学习转变,激发兴趣,自主学习,把学习变为研究,真正实现智慧学习。我们学校在国内创客教育方面走得还是比较远的,例如:我们学校的学生曾发明了"管道穿越机",小小机器人可以在狭窄而弯曲的管道中进行爬行穿越,协助人们完成设备维修、救援等任务,此发明已取得国家专利并获得全国发明大赛一等奖;我们学校的学生还发明了二维码开锁设备、智能家居设备、溺水SOS救援设备等,我校学生研发的机器人多次在世界机器人大赛中夺得冠军;2011年,我校的学生在"我为大运献金点子"社会实践活动中,创造性地提出可以采用声控点燃"大运会"(世界大学生运动会)火炬的方式,被"大运会"组委会采纳。开幕式当晚,全场观众齐声欢呼,声音分贝渐强，逐级点燃了"大运会"的主火炬。在创客教育方面的探索，让我们深刻意识到，创新能力是一项重要能力，他远比知识要重要得多，而这种培养绝非是在一朝一夕间可以完成的，这需要我们教育者进行系统化课程的开发。未来，在创新教育方面，我们要走的路还很长。

诗意二：引领教师队伍建设，彰显明日之校长的教育追求

明日之校长应是真正意义上的教育家

在物质高度发达的未来社会，对明日之校长提出了更高的道德要求。作为引领广大师生追寻发展的一校之长，其道德品质应包括对教育良知、教育理想、教育情怀等方面的孜孜以求，校长应以先进的教育理念引领全体师生体会教育的本真，把他们送上成长的大道，以求得当下与未来之幸福；校长之道德还包括公正无私、以身作则、言行一致等优良品质，校长应注重身体力行，以自身的人格魅力给广大师生以思想上的正确引导和行为上的良好示范。

明日之校长，需加倍重视教师队伍的综合能力和专业素养

明日之校长要在教师队伍建设上承担首责，要着力打造一支具备高超综合能力和专业素养的教师队伍；明日之校长更要以超前的眼光引导教师队伍在综合能力和专业素养方面的建设方向；明日之校长要带领广大教师敏锐捕捉时代的气息，让广大教师能走在信息时代的前列，以信息化的手段和能力创新教学模式和教学手段，能更高效、更经济地促进学生的综合能力、个性发展和人格素养的提升；明日之校长要以教师专业发展为平台，带领广大师生为实现教育最大增值而努力，最大限度地激发教师的创造力，充分发挥教师在学校发展中的主导作用，不断提升教师在教育教学中的创新意识，让他们能不断获得教育成功的体验，并把这种成功的体验转化为人生的快乐与满足，让广大教师葆有一份崇高的职业尊严，踏实追寻教育人生的乐趣与价值。

我觉得不管将来时代如何变化，教师的地位都是无法被取代的，教师在教学上发挥的作用也是不可被忽略的。为了让我们的学生发展得更好，我们必须不遗余力地对我们的教师进行专业培训，特别是在知识更新如此之快的今天，教师的继续教育绝对要好好开展，我们应该利用一切条件和资源，对教师进行培训，促其发展，所以我们学校曾创造了很多条件，让教师们走出校门，去全国各地的优秀学校去走走、看看，与优秀的教师去交流，学习别人优秀的教育管理经验。事实证明，这能极大地促进我们教师素质的提升，学生们也间接因此受益。除了"走出去",我们还开拓其他渠道,帮助教师发展进步,比如,我上文所讲的慕课平台,除了能够帮助学生成长外,我觉得他在教师培训和素养提升方面也是可以大有所为的,而事实上,我们也正是这么做的。目前,我们深圳市教育局打造的"中小学教师继续教育培训网"就是一个很不错的慕课平台,平台上有很多的网络课程可以给教师免费提供在线学习的机会,里面的学习内容丰富且实用,比如,有跟教师的职业密切相关的"教育的艺术""班主任班级管理技能"等专业课程,还有"插花艺术""手工剪纸""珠宝鉴赏""养生保健"等能够提升教师生活品质的课程,深受我们教师的喜爱,很多课程一开出来就立刻被抢完了。教师们在在线学习之余,还可以开展在线交流,智慧在思想碰撞中产生。未来,伴随慕课的发展,它一定会对我们教师能力的提升以及学校课程的延展大有裨益。

理性一:教育资源整合程度,决定明日之校长的办学高度

明日之校长,应是教育资源整合的行家里手

未来社会必将是一个资源充分利用的社会,办学绝不仅局限于学校本身,明日之校长应该充分利用整合资源,为学生打造丰富而富有实效的课程。未来学校将没有现代严格意义的课堂,学生将在更为广阔的空间得到应有的发展。学校将是开放的教育平台,明日之校长需要高超的有效课程研究开发能力,依照学生的不同需求,打造富有特色、丰富多彩的校本课程。

明日之校长应着眼于将学校的空间无限扩大,充分利用信息化技术和互联网思维,针对学生未来发展的素质培养,将广阔社会的人力资源和物质资源在无限的空间进行巧妙整合,打造富有创意的学习社区,带来学习方式和学习内容的革命,促使学生的学习动力得到极大解放。学习社区将为学生提供实验室、研究院、图书馆以及各类文体设施设备,将更多、更全面、更廉价的教育资源连接到社区和家庭的每个角落;基于大数据和互联网的发展,将设计出更真实的教育环境以及教育空间,以此为平台,将产业、社区和知识完整、真实地连接每一名学生,更好地贯彻杜威所提出的"教育即生活,学校即社会"的教育理念;明日校长需竭力为学生打造生活体验的平台,全面利用社会资源,彻底打破学校与社会的界限,学习与生活密切相关,动脑和动手融为一体,理论与实践不再分离,让学生成长为全面、发展、和谐的人。

我们身边的教育资源其实是非常丰富的,如果将其全部调动起来,他绝不比一所大学所能提供给学生的教育资源少。因此，我们学校就一直致力于教育资源整合工作的推进。每年十一月都是深圳市的读书月，为了让我们学校的学生能够爱上阅读、喜欢朗读，每年读书节，我们都会举行别开生面的读书节特别活动，像前年，我们请了著名作家胡野秋先生来校给学生们讲读书，分享读书心得。今年，就在刚刚过去的11月11日，我们利用教师家属的关系，邀请深圳卫视著名主持人吴庆捷、澳亚卫视主持人来超、深圳电台的知名主持人杜峰等来校给学生们进行朗诵表演，学生们能够零距离接触到这些朗诵主持界的名家，听到高水平的朗诵，他们都非常兴奋。2010年深圳两会期间，我们学校利用校长人大委员的关系，将深圳市的人大代表和政协委员请进校园，让学生将自己撰写的两会提案展示给各位人大和政协代表，获得与会人大、政协代表的高度评价，有几份学生提案还直接被代表们采纳，变成自己的提案，带到了深圳两会商议，经此一事，我校学生的政治意识明显加强，这类研究性学习课程深受学生的追捧。所以到了2011年，我校3000名学生为当年即将举行的世界大学生运动会提出了600多个金点子，内容涵盖"大运会"的方方面面，受到了"大运会"组委会的高度重视，主委会的负责人专门带人来学校听取学生的意见建议，当年的"大运会"开幕式声控点火的创意就是我们学校杜敏等几名学生提出的。现在我们正在计划利用深圳市教育局配备给我们的驻点法官，给学生们开设法律选修课，从而拓展学生的知识面，以增加其知识储备，提升其眼界视野。

理性二：构建管理新模式，展现明日之校长的非凡智慧

随着时代的发展，明日之学校的管理模式将出现颠覆式的改变。明日之校长将从行政系统中分离出来，成为纯粹的办学者。脱离了行政系统，对明日之校长的管理水平提出更高的要求，明日之校长需要在新的形势下构建新的管理模式，为实现教育目标保驾护航。未来社会将是一个更为健全的法制契约社会，法制精神将在明日学校中彰显，明日之校长应是法制的引领者、倡导者、践行者和实施者。校长以法制的理念，组织全校师生开展学校发展的顶层设计，把每个师生的主人翁意识充分激发出来，为学校的发展奠定坚实的思想基础。

明日之学校应该实行决策、执行、监督分开的原则，建立多元的决策、执行和监督机制，为学校高效运转提供制度支持。明日之校长要致力于打造更加专业化的高素质管理团队，管理成员需拥有较强的未来意识，秉承校长的办学理念和办学思想，分工明晰、责任明确，以自己富有创造力的工作，确保学校的高效运转，以适应高度发展的时代步伐。

在刚刚过去的12月4日"国家宪法日"活动中，我们学校曾作为全国"宪法晨读"活动的深圳市分会场，当天早上全校学生在教育部郝平部长的带领下，诵读了《中华人民共和国宪法》的选段。抛开活动的形式，我想这个活动的意义还是非常深刻的，国家这两年一直强调要依法治国，因为国家宪法是其他法律之母，所以国家特例设立了"全国宪法日"，目的就是让法制观念深入人心。而依法治国落到学校层面就要依法治校，一个学校的《章程》就相当于这个学校的根本大法。所以在我到"二高"履新后，着手办理的第一件事就是制订出台学校的《章程》。学校《章程》在制订过程中数易其稿，充分征求教工意见，先后吸收全校教工提出的250多条意见建议，整个制订环节过程中，我本人并未过多地进行干预，等《章程》通过了教代会的表决正式通过后，我也严格按照章程的规定办事，绝不因为任何人、任何事破坏或违背《章程》。因为我清楚地意识到，忠于《章程》就是忠于民意，就是忠于学校的民主管理，唯有如此，才能保证学校的长足发展与进步。

明日已近，未来已来。明日之学校是一个具备全面开放、洋溢活力、无限可能的概念，是一个具有和谐的文化氛围空间。明日之学校需要明日之校长，明日之校长应在未来眼光、教育追求、办学理念、自我修养、团队建设和体制改革中彰显自己的智慧与才能，以其理性与诗意打造未来教育，以教育家的视野与情怀带领师生走在时代前列，引领时代发展。

接待广西兄弟学校来访

"三实教育"带来学校新气象

深圳市第二高级中学成立于2007年4月,是一所寄宿制公办高中。学校成立之初,提出了"以尊重的教育培养受尊重的人"的办学理念。确立了"阳光、进取、平实、包容"的"二高"校训。

最近,我校又根据《中国学生发展核心素养》提出的核心素养要素,结合"二高"的实际,提出了"君子风范、家国情怀、身心和谐、健行美善"的育人目标。

核心素养图

这些口号的提出无疑是好的,然而,纵观当今教育现状,有许多好的教育计划、教育理念,常常在教育理论上被"合理"的论述多,而在实际教学实践中被"合理"的实践少。我认为,造成这种结果的原因很多,但一个重要的原因是这些好的理念在实际操作中没有规范,缺乏一个衡量的标准。任何事情都要做细、做精。说了，不等于做了；做了，不等于做好了；做好了，不等于做细了；做细了，不等于做精了。为避免"以尊重的教育培养受尊重的人"的办学理念只停留在口头上，以及保证这个理念在学校教育教学实践中落实、渗透，我们于2016年提出了"三实教育"理念。"三实"指的是真实、扎实、朴实。所谓真实，就是与客观事实相符，不假；所谓扎实，是指踏踏实实，一步一个脚印，不虚；所谓朴实，就是质朴实在，不花言巧语，不装。如今，走进深圳市第二高级中学，穿行在校园的文化长廊中，流连于楼前楼后的宣传栏前，人们就会发现，有两句话出现的频率最高："以尊重的教育培养受尊重的人""践行'三实教育'理念"，前者是行动目标，后者是行动措施。多么高屋建瓴的理念如果止步于理论或口号终究只是无意义的空谈。"尊重"，谁都可以说，谁都会说，但如何将其贯穿于教育教学和学校管理的全过程，才是办学的关键所在。一个学校的决策团队的高明之处不仅在于能提炼出先进的教育理念，更在于能将这个理念落实到行动中，融入师生的灵魂中。我们怎么做？我们就是用"三实教育"理念去落实"尊重"教育，可以说，"三实教育"是"尊重"理念的具体化、课程化、行为化。如今，"三实教育"已辐射整个校园，深深根植于校园的一花一木、一墙一瓦之中，潜移默化至校园中的每一位教师和每一名学生的内心深处。我们将"三实教育"具体化为实施的五个纬度，从不同层面去推进"三实教育"，最终落实尊重理念，落实核心素养。

一、营造"三实"育人环境

在学校，我在经营一所学校，班主任在经营一个班级；在家里，我们在经营一个家庭。我们实际上是在经营一个环境、一个氛围，这两者是种相互的关系，概括起来就是：好的环境会带来好的氛围，氛围不足，环境可以拯救；环境不好，有好的氛围也可能弥补，但总会有缺陷。我们说的校园文化，也是一种环境、一种氛围。"蓬生麻中，不扶自直；白沙在涅，与之俱黑。"校园是有生命的，我们深知，办学环境对学生的影响很大，这就好像我们吃的泡菜，泡菜水的味道决定泡出来的萝卜、白菜的味道。校园的自然环境和人文环境对学生的影响是潜移默化的。校园环境不同于其他文化性、商业性环境，它承载着人文历史的传承，是学生接受知识的场所，典雅、庄重、朴素、自然应该是其本质特征。因此，我们要求学校的校园环境布局也要做到真实、扎实、朴实,同时也要做到将学校的地理环境同人文环境相结合,即真实;将景观文化内涵同学校文化内涵相结合,即扎实;做到不到处张贴标语口号,不哗众取宠,而是"随风潜入夜,润物细无声",即朴实。学校立足"三实教育",突出"三实教育",从环境建设入手,创设一个处处蕴含"三实教育"的校园氛围,深入大地、盘根错节、四季常青、树冠巨大、自然生长的榕树遍布校园,她平静、雍容、丰盛,像沉默的大山一样岿然而立,隐喻"真实、扎实、朴实"的学校文化。学校还专门聘请工程师设计"园中园""静园""园中园"有各种植物和高度仿真的动物,还有中国的地形地貌,"静园"茂林修竹、鲜花百草相互辉映,亭台连廊、水池喷泉相映成趣,两园景观自然朴素、天人合一、应天顺人,学生课余时在园内或漫步,或休憩,心情愉悦,怡然自得,这是"三实教育"在自然环境中的渗透,学校还把走廊分别命名为国学长廊、科技长廊、艺术长廊,扎扎实实地向学生展示"真善美"的文化,让学生一抬头就可以接触文化,一转身就可以学到知识。学校本着"让每一面墙壁都会说话,每一片树叶都是书签"的"三实教育"追求,从环境科学的角度出发,对校园做出科学规划,形成了安静的学习区、洁净的生活区、标准的运动区、幽雅的休闲区,整个校园形成了一幅园林景观、生态景观、人文景观的立体绿色画卷。通过这些,学校希望在"真实、扎实、朴实"的文化精髓的感召下,学生能做一个真诚真我的人、一个脚踏实地的人、一个谦逊朴实的人。

文化的经营,熏陶是最重要的方式,套用中国的一句古话,就是"什么样的爹就有什么样的孩子"。漫步在"二高"的校园中,时时处处都被"三实教育"的氛围所感染,师生在这里循本心、顺自然、扬个性、砺品行,享有自尊,发展自信,积蓄着厚积薄发的力量。"细雨湿衣看不见,闲花落地听无声",当师生时时呼吸着文化的空气,在清新、朴素、自然的校园里徜徉,他们就能成就一个大写的人——做人有品格,做事有品相,学习有品质,生活有品位。

二、打造"三实"教师队伍

教师是学校的支柱,教师的"成色"决定学校的"基色"。"二高"十分注重教师队伍建设,我认为,无名师无以成名校,好的学校,应该让教师"牛"起来。"牛"教师,应该要真实不虚伪,有高尚的品德,可谓立德;要扎实不漂浮,有真才实学,便于立功;要朴实无华,不做作,不矫饰,善于立言。一句话，"牛"教师要真实、扎实、朴实，具有工匠精神。他们不忽悠教育、不忽悠改革、不忽悠学校、不忽悠家长、不忽悠学生、不忽悠自己的人格与教育的信仰。为打造"三实"教师队伍，学校以名师工作室为平台，以课题研究为纽带，依托五个名师工作室，建起了教师分层发展的"金字塔"，形成了梯级发展模式：

塔基部分——刚入职或入职时间较短的年轻教师。对这部分教师利用"青蓝工程"进行栽培。

塔身部分——校级或市级教坛新秀、优秀青年教师、优秀班主任、教学能手。对这部分教师组建"青年教师成长营"进行培训。

塔颈部分——市学科带头人、市骨干教师、优秀教师。对这部分教师组建"中青年骨干教师发展促进会"进行培育。

塔顶部分——省骨干教师、国家级优秀教师、特级教师等专家学者型教师。对这部分教师组建"教师发展论坛"进一步提升。

为打造"三实"教师队伍，"二高"千方百计地为教师创设成长空间，让每一位教师朝着自己的梦想，凭智慧走到一条适合自己的道路上。

地理老师潘国华对天文感兴趣，于是学校专门为他买器材、购设备，从一个天文社团开始，精心设计并逐步完善，建立了国内一流的天文探究实验室。2016年，他开展了两次面向深圳市全体市民的天文科普讲座，得到了参加活动的市民的一致好评。

政治老师古永忠对书法和绘画情有独钟，于是学校让他在高一、高二年级专门开设《汉字书写》必修课和《硬笔书法》选修课，古老师还建立了"清风书画"工作室，吸引了很多学生和教师的参加。

特级教师梁光明对组培实验感兴趣，于是学校创造条件，开设了生物组培实验室，不但带动了校内学生研究生物组培的兴趣，而且与香港地区的友好学校进行合作交流，取得了很好的社会效应。

物理老师霍然对机器人感兴趣，于是学校专门开辟两间大教室，成立机器人工作室。机器人社团参加2017FIRST科技挑战赛中国深圳赛区、广州赛区和重庆赛区三个赛区的选拔赛，在比赛中获得优异成绩。其中，深圳赛区获得冠军联盟，广州赛区获得二等奖，重庆赛区获得三等奖。

信息老师周茂华对创客教育感兴趣，于是学校成立创客研究中心，让其

负责。我校如今，创客教育在全国创客教育界取得广泛影响，优秀学子吴子谦同学以其充满灵性的创意获得李克强总理的接见，2017年4月参加CM3国际青少年创客挑战赛包揽了所有奖项（特等奖及一、二、三等奖）。

历史教师周建定对微课教学感兴趣，于是，学校专门拨出经费，让其开发微课课程，创建历史教学风云网站。

学校通过阶梯提升程序和创设教师发展空间，促进各层次教师集群发展。如今，具有"三实"精神的教师队伍已初步形成，他们活跃在各自的岗位上，身体力行地成为"三实"文化有力的倡导者、践行者，他们以文化人、以德养人、以艺磨人、以情动人。

三、实施"三实"课堂教学

课堂，是教与学的主要场所，是落实尊重理念、核心素养的主阵地。"二高"坚持课堂的教育主阵地不动摇，通过多种方式打造高效课堂，积极追求"真实、扎实、朴实"的课堂文化。

"真实"即课堂符合学生接受的能力，所教的内容是学生希望得到的东西，教授的内容真实有效、不浮夸，这是一种真的教学；"扎实"即要求教学目标明确，内容不在多而在精，重在落实，重在掌握，重在理解，这是一种善的教学。"朴实"，就是注重形式的互动为切实需要，不是流于形式，不在流光溢彩而在朴实有效，这是一种美的教学。一位合格的教师，教学至少要能做到真实，即真的教学；一位优秀的教师，教学既要做到真（真实），又要做到善（扎实），要将真的教学与善的教学结合起来；一位卓越的教师，就必须将"真善美"的教学完美融合起来，既真实，又扎实，还要做到朴实。

任何好的教学理念，没有学生的参与，是不可能达成目标的。因此，围绕"三实课堂"，我们还要求教师上课时要实现"三个转变"：

其一，从教师的讲解精彩度转变为学生的参与度；其二，从教学环节的完整性转变为教学结构的合理性；其三，从课堂教学的活跃度转变为每一名学生真正进入学习状态的参与度。

以上这三个转变，实际上就是要求教师要从"以教师为中心"的课堂转到"以学生为中心"的课堂，允许学生自由表达，把课堂真正还给学生。

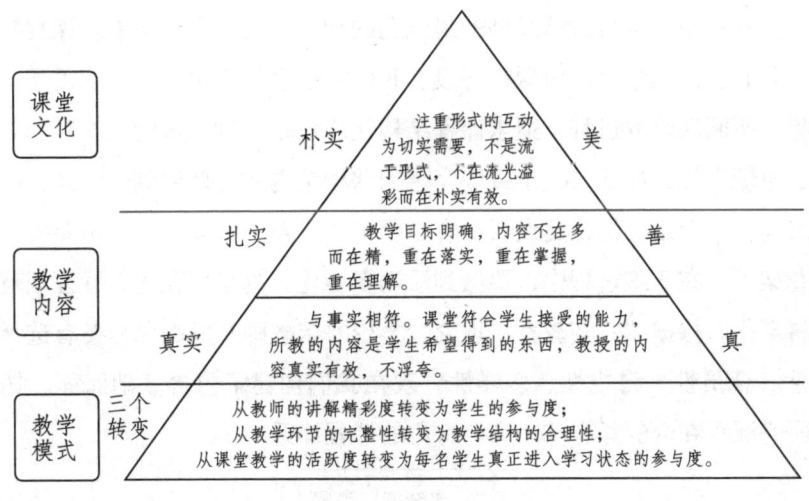

"三实"课堂思想体系

"三实教育"教学，课堂文化突出合作性和互动性，教学内容突出真实性和扎实性，教学模式突出民主性和探究性，"三实教育"教学的实施，使课堂教学发生了巨大的变化。曾经的课堂是一个"主角"，多个"听众"；一个课件，多人复制。曾经的课堂是"赶鸭子"，把"鸭子"统统赶进课堂，约束其精神和思想的自由，不考虑学生参不参与；是"填鸭子"，强行把知识填入学生口中，不考虑学生能不能接受；是"烤（考）鸭子"，用考试和分数要求学生；最终结果是使学生成为"板鸭子"，把活泼、鲜灵的生命硬压成一只只定型统一的"板鸭"。现在的课堂，人人都是"主角"，课堂教学发生了四大转变：第一，学生由被动接受型的"跟学"转变为任务驱动型的"自学"；第二，学生由浅层次学习转变为深度探究性学习；第三，学生由封闭式学习转变为开放性学习；第四，学生由知识的"观众"转变为能力的"主演"。

四、构建"三实教育"校本课程

遵照"国家课程校本化，校本课程特色化"的课程改革思路，我校在"以尊重的教育培养受尊重的人"的办学理念的引领下，在开齐、开足、开好国家课程、地方课程的基础上，大力开发"三实教育"校本课程。课程要真实，要切合学生的发展实际，要有整体的思考。课程体系建设不是简单机械的叠加，不同课程之间具有相互承接、有机融合的内在关联性，我们要不断追求和努力实现"1+1>2"的整体效益，进而帮助学生赢取一张张走向未来的"通行证",并赋予学生可持续发展的最强劲的动力与最丰富的可能。课程建设要扎实,要有长期的坚守。对课程建设,我们不能奢望立竿见影,它需要一个慢慢积累、不断深化的过程。追求课程结构化应该是一种"慢的艺术",要不急不躁、不慌不忙,如此,一个日臻完善的课程结构才能像珊瑚礁一样,在海面下缓缓地积累而出。课程建设要朴实,要集思广益、群策群力,不要搞形式主义和花架子。在实施过程中,要做到活动多样化、内容多元化、管理规范化、评价科学化。根据"三实教育"理念,学校要求教师开发的课程要有选择性、灵活性、全员性、自主性、多样性,现在我们构建了包含基础课程、拓展课程、研究课程在内的具有"二高"特色的课程体系。

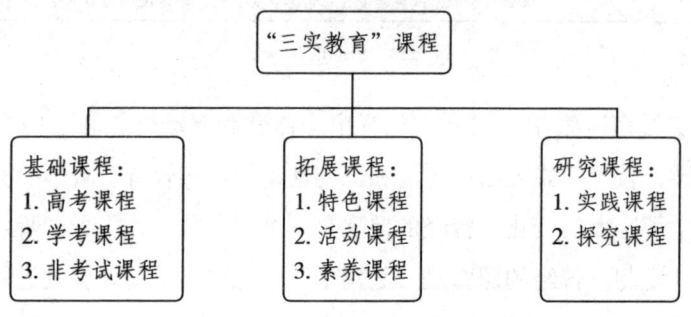

"二高"特色课程体系的构建

在"二高",实行"三证制度"。我主政以来,率先在深圳学校实行"三证制度",学生在完成全部的国家课程、选修课程及相关的学分后,还不能拿到毕业证,还需通过我校的"三证"关方可毕业。"三证"即为"阅读证""汉字书写证"和"游泳证"。

阅读是人终身发展的必备技能,提高生命的质量,从重视阅读开始。我校开设专门的阅读课,让学生学会阅读和赏析,为其今后的发展奠定基础。

我校开设了《汉字书写》必修课,在日常考试的试卷里专门设有书写分,有专门的教师研究并传授汉字书写的技巧。

我校还要求每个"二高"学子要获得游泳证。因为游泳不但是强身健体的好方法,更是关键时刻自救的一种本领。

在"二高",除国家普通高中课程方案中的信息技术和通用技术两门课程以外,还开发出了数据库、移动互联应用、机器人、影视技术、服装设计与制作、厨艺等10多个模块课程。

在"二高",体育课变成了田径、篮球、足球、排球、网球、击剑、武术、踢毽子、跳绳、游泳、艺术体操等10多个模块。

在"二高",艺术类课程开发为中国画、油画、书法、合唱团、朗诵等多个模块。

除"阅读证""汉字书写证"及"游泳证"学生都要过关外,以上开发出的所有课程,学生都可以进行自主选择。

学校还大力推进学生社团建设,目前学校已经建立了70多个学生社团,从艺术、体育、科技创新、历史人文等各个方面为学生搭建起多维度的成长平台,深受学生欢迎,甚至有的学生在初中就深受学校吸引,在中考时第一志愿就填报了"二高"。

当同类学校的学生每天埋头题海,为分数而无暇他顾的时候,"二高"的学生已经前所未有地根据自己的需要和兴趣选择学习内容,开始关照自己的梦想和未来。因此,"三实教育"理念在校本课程开发实施中得到了真正的落实。

五、开展"三实"德育活动

康德说:"什么是教育的目的,人就是教育的目的。"党的十八大提出,要把立德树人作为教育的根本任务。因此,教育的根本任务是立德树人,立人先立德,故德育工作应该摆在学校工作的首要位置。然而,怎样才能让德育工作落到实处,让德育工作接地气呢?

我以为,德育是一种渗透,是一种滋养,也是一种温度,不是靠喊一句口号、说一句话就能解决的,德育一定要引导,一定要滋养,一定要有方向,一定要坚持不懈。换句话说,学校开展德育工作要做到真实、扎实、朴实。

德育的真实要体现真心、真我、真性情;德育的扎实要追求方法有效,充分体现"设计""滋养"和"雕琢"的用心;德育的朴实要摒弃喧嚣的华丽,还德育于质朴的本源。在"三实"德育理念的指导下,学校形成了独具特色的"二高"德育活动体系。

1. 德育模式自主化

学校成立"三级五部",完善自主管理机构。在教师指导下,学生通过个人自荐和民主选举成立了"三级"自主管理机构——班级自主管理委员会、年级自主管理委员会与校级自主管理委员会,每级"自主管理委员会"又分为卫生礼仪部、劳动部、自律部、文体部、宿管部五个部门。

学生自主管理委员会以学生为主体,建立严密自主的管理体制,为习惯养成、活动设计、自我管理提供了有力保障。学生自主管理委员会具体负责各级各项行为习惯的检查、量化、评比、统计工作，使管理渗透到学生生活的各个领域，真正实现了"人人有事做，事事有人做，事事都做好"的良好的"三实"德育管理格局。

2. 德育队伍网络化

德育工作网络以学校德育为主渠道，在德育网络建设中，组建了由学校、社区、家长代表组成的三结合教育委员会，成立了家长委员会和家长学校，定期组织开会、协商。家长学校每年授课至少两次，以提高家长教育子女的水平与能力。年级组每学期至少召开一次家长会，班主任每年至少进行一次家访，并经常进行电话家访。学校开通了短信平台，以便学校、教师与家长能够随时进行短信交流。

学校成立了由校长任组长，分管政教的副校长任副组长，学生处主任、年级组长为成员的德育工作领导小组；建立学生处—年级—班级的层级管理系统。在德育队伍建设中，以班主任为核心，协同科任教师、后勤管理人员组成全员育人格局。德育队伍网络化，"三实"德育得到了全面、立体的落实。

3. 德育活动主题化

学校在不同时期，根据各年级段的不同情况，确定不同主题，开展系列化教育活动。近几年，我们开展的主题活动主要有：

（1）公民素质养成教育。如"我让父母感动的一封信"等书信比赛活动、五月"校园艺术节"系列活动、革命传统教育活动、"养成教育月和强化训练月"活动、"18岁成人宣誓仪式"、义务献血活动、"心系祖国·健康成长"公民意识教育活动。这些活动对树立学生正确的人生观、价值观、世界观，引导他们不断增强社会责任感和历史使命感，培养履行公民义务的意识和能力，均起到良好的作用。

（2）心理健康教育。学校积极探索心理健康教育的新模式，心理健康教育进课堂，建立心理咨询室"蓝色小屋"，开展心理咨询和专题讲座，建立由心理教师、心理协会、各班心灵使者、班主任、科任教师、女生委员会组成的心理健康网络体系，及时疏导化解学生的心理问题，积极开展心理疏导工作，对有异常心理现象的学生给予个别关注或辅导。学校被中国教育学会和中国科学院心理研究所赋予"全国心理教育百校工程科研基地"的荣誉称号。

4. 德育工作学科化

要将德育工作做到真实、扎实、朴实，德育工作学科化是最重要的途径。为落实"三实"德育理念，学校出台了《深圳"二高"关于学科德育渗透的规定》，要求学科教学突出以下三个特点：

①确立德育教学目标，寓德育于学科教学之中。②以"育人"为重点，在学科教学中注意培养学生正确的学习动机、学习态度、学习习惯，以及良好的学风与意志品德。③学科"德育渗透"形成特色：突出思想政治课是德育的主阵地，政治教师坚持以德育为首，运用多种适合学生特点的教学方法提高学生的学习积极性，培养学生正确的人生观、价值观、世界观；其他人文学科有计划地对学生进行爱国主义和理想教育；理科教学注意培养学生实事求是、勇于探索的科学精神，帮助学生树立辩证唯物主义的基本观点；艺术课努力培养学生正确的审美能力，提高其审美水平；体育课培养学生吃苦耐劳、昂扬向上的意志品德和集体主义精神。

通过德育工作的"四化"，让德育反映在学校的显性和隐性的文化中，很好地落实了德育工作的"三实教育"理念。

一个弥漫着尊重而又文雅氛围的校园，一所安静而有责任的学校，一间宁静而有思想的教室，一位心情平静而有价值追求的教师，一群能自由思考而又能踏实前行的学生，这些均是我对教育的追求与期待。"三实教育"理念，就是为实现我的这种追求与期待而采取的措施，我始终坚信"乘风破浪会有时，直挂云帆济沧海"！

（2017年10月8日）

德育交流

教育培养什么人

教育一直在探索这个问题：培养什么人，怎么培养人。从古至今，各个国家都在思考或是研究"如何培养下一代"这个问题。

作为教育者首先应该心静如水，要明确教育的根本是育人，而不是简单的知识传授。现代教育即使在传授知识时也缺乏能力的培养，注重实用化、功利化，指向单一，常以考试为主、以得分为首、以传授知识技能为要。这样的教育模式，造就了大量的"高分低能"者、多听少思者、多记少创者、盲目信从者。而成功人士中有不少人认为自己所以取得一点成就，恰恰得归功于自己的叛逆或是冲破了教育模式束缚。

教育首先应该培养健全的人，而健全的人不能没有理性和德性。

一、培养有"爱"的人

培养学生要有"大爱"是首要的任务。大爱从爱自己、爱家人开始。爱自己首先要了解自己，包括了解自己的身体状态、生活现状、学习现状、工作现状，以及了解自己的梦想、目标、心态和性格。爱自己内涵丰富，要达到真爱，才能提高自己的修养，主要表现在以下几个方面：第一，要爱自己的身体。要养成作息、饮食、合理健康的习惯，每天都要运动，把身体尽量调整到最佳状态。第二，要爱自己的心灵。让自己的思绪清晰，情绪平和愉悦，用平常心看待负面事物，欣赏、享受正面事物。第三，要爱自己的生活。能平衡好自己的工作和生活，做有意义的事，不浪费时间和精力，增加阅历，不焦躁、不放纵自己。第四，要爱自己的工作。尽量发现现有工作的乐趣，看清方向，一步步前行，可以慢，但目标要清晰、坚定，对自己有信心。第五，要爱自己的感情。选择喜欢的朋友，维护好现有感情，要多发现身边人的闪光点，引导自己和他人共同成长。第六，要爱梦想。愿意努力付出，要理智平和，保持激情。

只有爱自己，才知道怎么爱亲人、爱他人。如果自己都不知道怎么爱自己，很难想象会如何爱他人，爱是要知道他人需要什么，爱他人为自己所做的点点滴滴，要用真心去爱。爱国家，就是爱家、爱国。我们要清楚家和国对我们的养育之恩，离开家和国，我们存在的意义就会大打折扣，只要用自己的力量去建设自己的家和国，我们才会有更多的力量。

爱国是一种默默修为，是一种积极进取，是一种努力学习，是一种创新发展，是一种宽容、宽厚。爱国不仅需要精神，也需要素质和能力。爱国是一种行为。爱国就要遵守法律，就要对自己的行为负责，就要对他人、社会、未来负责，就要讲诚信、讲平等、讲公正、讲民主，就要遵守契约，就要崇尚文明进步。

爱己、爱家、正直和善良，这是爱国的前提和基础。如果一个人失去了爱己、爱家、正直和善良，而去谈论爱国，那是一种荒唐的行为。教师是人类灵魂的工程师，对一个国家的发展有着至关重要的意义和作用。因此，教师如何传递爱国精神，给学生一个怎样的爱国情怀，学生得到什么样的教育更为关键。教师要具备一定高度的人文素质，有弘扬进步文明的能力，有传道、授业、解惑的能力；要领悟公平正义、民主自由、平等的法制，以及诚信友善、文明进步的精神实质。总之，只有为人师表，我们才能逐步培养出有"爱"的人。

二、培养受尊重的人

"随风潜入夜，润物细无声。"教育需要滋养，教育需要精雕细琢，教育需要时间，所以教育要"慢"。我们要培养懂得爱、值得尊重的、敢于面对人生、会欣赏家庭与国家的美好、享受生活的人。

尊重的教育。要从尊重自我、尊重他人、尊重社会、尊重自然四个维度展开，这四个维度只有相互渗透、相互支持、螺旋上升，才能达到更高的境界，与自然高度融合。当然，一般而言，我们都很清楚自己想从朋友那里获得什么，可是从未考虑过自己是个什么样的朋友。你是否体谅别人，你是否肯听别人的意见，你是否愿意为他人做些什么……这些看似简单，实际上却恰恰能体现你是否尊重朋友。人一定是相互尊重的，不要苛求他人的尊重，尊重也是一个人内在涵养的表现。人生之所以精彩，是之愿意全然地接受一切；生命之所以可贵，是之愿意尊重一切的生命，这是尊重的一种表现形式。尊重要从自己开始、从内心深思、从旁者审视。尊重是交往与沟通的基础，学会从不同视角看待遇到的问题，这是逐渐成熟的表现，也是尊重的另一个层次。

要做到尊重他人，首先必须平等地对待每一个人。人都有友爱和受尊重的欲望，并且交友和受尊重的欲望都非常强烈。人们渴望自立，希望成为家庭和社会中真正的一员，平等地同他人进行沟通。如果你能以平等的姿态与人沟通，对方会觉得受到尊重而对你产生好感；相反地，如果你自觉高人一等，用居高临下、盛气凌人的态度与人沟通，对方会感到自尊受到了伤害而拒绝与你交往。

要想尊重别人就得从自身做起，只有懂得自爱的人才会懂得如何去尊重他人。但是自爱并不是说一见镜子就照，也不是自我吹嘘。自爱指的是要爱自己，要了解自己，甚至连自己所谓的"缺陷"也要爱。因此，自爱常常是自尊的另一种解释。人们感到自豪的时候，也是自爱的一种表现，从某种程度上讲，人们自爱也许是因其活得充实、愉快，热爱生活。但归根结底，人们自爱是因其活在这个世上，如此而已。人不自爱往往可以从其交友的情况反映出来，他很可能结识那种对自己有同样看法的人，接着就出现连锁反应，不以诚相待，相互背后说坏话，相互确认自己是失败者，信任和爱的观念对他们毫无作用，更不要谈尊重了，这些共性把他们连在一起。

尊重在自尊、自爱的基础上才能产生。如果你很自卑，也不必责备自己。只要你愿意上进，愿意了解自己，这种情况最终是可以改变，甚至会变好的。人们绝对不要等到提高了自尊心之后才交朋友，因为如果这样，他们也许将永远等下去，而结交那些能反映自己长处的朋友，就能增强自爱，然后这种自爱又给予我们向朋友表达爱的勇气的力量。有了自尊、自爱，也就懂得了尊重朋友，尤其是在你们出现意见分歧时，友情的价值就在于互相尊重对方，在于互不伤害各自的独创性。因此，从某种意义而言，没有尊重就没有友谊。

三、培养有耐心、能抗压、耐挫折的人

现代社会发展迅猛，技术不断创新。社会需要的是心理健康、心胸豁达、能迎接挑战的人。所以，我们培养的学生要能坐得住板凳、能耐得住寂寞、能找到学习的动力、能有克服困难的勇气、能放弃一些不合时宜的喜好并能找到适合自己学习的方法。在问题面前，贵人常常是别人，敌人肯定是自己。人生的意义在于善待自己，人生的目的在于成就他人。把握每个当下，从易处改变，从近处做起。因此，我们必须有耐心、能抗压、耐挫折，才能适应现代社会发展的需要。

我们基于学生的基本生存发展特性，注重培养每一名学生的独立思想、自由精神、健康人格、公民观念、规则意识、批判精神等，使学生学会追求智慧以及"真善美"，实现精神成长，进而引导学生追寻一种"良善"的完美价值的生活方式。我们的教育要非常重视这一课，才会绽放人性的光辉，才会奠定学生生命健康、积极、向上成长与发展的基石。

总之，教育培养有用的人，也就是有一定知识、文化、技能，成为对国家和社会的有用之人，并以此实现自我生存发展、自我价值的意义。现代的教育在这方面花费时间和精力太多，却未能尽如人意，其根源仍在于僵硬的教育模式，这种模式教给学生的是静态的、过时的甚至是固定的知识技能，它强调记忆、机械模仿、反复熟练，缺乏反思、问题意识、解决问题的能力，特别是缺乏批判思维。而我们需要的教育恰恰是学生不但要看到问题，还要知道怎么解决问题，或是能分析清楚问题不好解决的原因，而不是生搬硬套，或是离开书本就不会解决问题。这种教育才是促进学生成长，顺利步入社会、融入社会的关键。要想做到与瞬息万变的市场需求相对接，使培养出来的人为社会所需，就需要通过知识文化技能的传授，教会学生一些学习的本领、创新的精神、应变的技巧、思考的习惯、实践的能力等。

教育的终极目的应该是培养有"爱"的人、受尊重的人、能克服困难的人、经受挫折的人、自由发展的人、健全的人。在此基础上，人生的理想与信念、意义与价值、创造与创新、奋斗与进取都将变得明晰而可循。进而，再通过自由发展的塑造，使个人目标与国家、民族、大众、社会的利益目标实现统一，使个人在为国家和民族奋斗的过程中实现人的全面自由发展，在促进人的

全面自由发展过程中实现国家和民族的梦想。我们的教育和教育者唯有站在这个层次上，才能将学生培养成人、成才。

为教师健身点赞

> 横断一面

用尊重与信任科学引领学校的改革与发展

——在2016年2月开学教职工大会上的讲话

一、2015年学校工作的特点

第一点，民主促进和谐。

第二点，激励强化责任。

第三点，拼搏赢得希望。

1. 民主促进和谐

（1）校务公开，保证知情权；广开言路，坚持民主集中制；重视问题，努力化解矛盾；坚持原则，倡导秉公办事。

（2）关注点、兴奋点比较集中；人心思进，珍惜学校荣誉；相互理解尊重；和睦相处，人际关系正常。

2. 激励强化责任

（1）目标激励，表彰奖励，鼓励和反对的信号明确；共享成果，为每个人提供施展的平台，寻找每个人的闪光点。

（2）责任明确，共担责任；积极主动，精力集中；奋力争光，不甘落后。

3. 拼搏赢得希望

（1）兢兢业业，任劳任怨；刻苦努力，求真务实；信心百倍，充满期待。

（2）教学质量社会认可率较高。

教学研究扎实推进，整体声誉良好。

当然，还有一些工作需要进一步加大力度。如校园安全问题方面，"无视"和"任性"是最大的隐患，学校承载着无限责任和巨大压力；学校的决策和要求在落实上还参差不齐；个别教职工的师德表现不如人意；关注工作细节，推进教育创新，丰富学校内涵还有一定差距。我相信：通过大家共同努力，坚持求真务实，有效弥补不足，学校一定会有新的进步。

二、2016年学校工作关键词

2016年学校工作关键词为：肩负责任、追求卓越、丰富内涵、科学发展。

1. 教育教学——以尊重为核心落实人格教育

以尊重为核心落实人格教育，以让每一名学生身心健康、学习提高、个性明显、平衡发展为培养目标：

（1）人格教育——整体规划，全面推进

①组织专家和师生从理论到实践，积极探索健全人格教育的思路和方法。

②点面结合，扎实推进，在通过主渠道全方位实施的前提下，各年级有所侧重。各年级积极开展学生能力培训，身心健康教育，公民教育训练，社会责任教育，等等。

③自制力是人最可贵的品质之一。

自制力是一个人调节和控制自己思想感情、举止行为的能力。

自制力强的人善于控制自己的情感，调节支配自己的行为；保持充沛的精力去克服困难、摆脱逆境、争取成功；有较强的忍耐力，能够抗拒诱惑、困惑和干扰，自觉遵守纪律与决定。

自制力是一个人意志品质的重要尺度，能够影响人的发展。

自制力强的人善于控制其时间、接触对象；能把握沟通方式，要求兑现承诺；能明确人生目标，克服忧虑情绪，开展情绪训练。

（2）个性教育——为每一名学生的个性化发展创造最佳条件

① 为富有想象力和创造力的学生搭建更多的发展平台——创客、机器人、科技、小发明、小制作、与名人近距离接触，创设多种多样的展现智能的情境。

② 为有天赋、有个性的学生提供更多地锻炼和展示的机会——主题活动、社团、选修课。

③ 为能力突出的优秀学生争取绿色通道（艺术、美术、体育、学科、创客等）——破格录取、直升、特长定向招生、保送、自主招生。

（3）文化课学习——转变质量提高方式，追求低负担高质量

①指导思想要更明确（关注每一名学生的成长，富有爱心和责任）。

②学习负担要合理（作业量，合理安排培训，关注学生睡眠状况，防止课业过重，让孩子适当远离课外读物）。

③教学基调要适当（基础、分类、循序渐进）。

2. 队伍建设——努力打造人格魅力、学识魅力和工作能力一流的优秀团队

（1）人格魅力

① 个人修养及综合素质的外在表现，教师人格魅力所产生的吸引力和感染力对学生的影响是巨大的、深远的，有些方面甚至会影响学生的一生。

为人师表（道德魅力），举止优雅（品格魅力），追求完美（思想魅力）。

②完善评价体系，注重导向性作用，提出更加明确的要求。

（2）学识魅力

① 个人所掌握的系统知识和技能。这是教师的学识水平、已存知识及技能和再学习能力的总和。

学识魅力的打造关键在于学习。

学习必须成为需要，学习必须读书，学习必须思考，学习要以问题为本。

②教育叙事——向人讲述，内在反思，相互借鉴。

（3）工作能力

①教学能力、教研能力、创新能力。

②基本功训练、结对互助、考察培训。

③教师的教学不是"一成不变"的——新教师要展示好第一印象，准备好第一次演讲，讲好第一堂课，改好第一次作业，编好第一份试卷，写好第一篇教学心得。

如果每一位教师的每节课都用第一次上课的心境去准备，那效果就可以想象，一定会十分精彩。

3. 学校管理——重点抓好"七个一"

（1）完善制度建设，弘扬一种境界——公平、公正。（公平是相对的，公正是永恒的。制度是保证公平的基础，制度是运行的机制，制度建设是基本保证，制度是为了发展，而不是为了约束）

（2）坚持治校方略，落实一种理念——以人为本。即尊重、理解、关

心、倾诉、保护，给师生留点"缝隙"，工作不等同于"干事"，让教职工幸福地实现教育理想——安全感、发展平台、工作环境和生活待遇。

（3）构建和谐校园，营造一种氛围——心齐气顺。

（4）加强队伍建设，提升一种境界——爱岗敬业。爱学校、爱学生，爱岗敬业是教师的本分；为人师表、教书育人是教师的责任。

（5）消除思想障碍，唤起一种精神——锐意创新。继承发扬与学习借鉴，不怕困难，积极向上，紧跟时代步伐，走在时代的前列。

（6）突出中心工作，实现一个跨越——提高质量。教学与学生的常规管理，智慧教学的开展，学业的基础设施建设，人格和个性的培养，都要以质求量、以质求效。

（7）着力改善条件，实现一个计划——完善硬件。再用几年的时间，把网络进行升级改造，提升装备现代化水平；改善办公和活动条件，让办公与功能室分布更合理，力争开建创客大楼。

同志们，我这里讲的只是一种理念、一个思路，既不全面也不具体。我的目的在于既提出工作要求，又给大家留下创新和落实的空间。希望大家群策群力、求真务实，把新一年的工作做得更出色，让人民群众更满意。

我们期待明天会更好！

承担责任　找准目标　顾全大局

——如何成为管理者，为教育教学服务

今天本想请广东省知名的教育专家来给我们讲学校的管理经验，但不巧几位教育专家都有事，下次再请。今天，我想讲学校的几件事，比如高考，以及学生的素质培养。大家都很重视高考，特别是高考成绩一出来，大家都很紧张，都希望成绩好，都不允许别人诋毁学校。那么，我们就应该思考：教学应该怎么做？我们可以做些什么？三年的教学如一盘棋，如何把细节落实好，如何让细节决定成败？

从教师层面上讲，不断改进教学管理工作主要基于以下几点原因：一是我们都需要学习，二是作为校长有责任带好这支队伍，三是基于事业的要求、学校的发展。

这几年，我也一直在学习，关于如何做好本职工作，如何做好管理工作，主要有以下几点内容：

一、存在的问题及原因分析

我们基本上都是从教师中走出来的，并且我们一直也都在从事教师这个职业。我们可以很好地进行换位思考，我们如果是一位普通的教师会怎么想？当然，位置不同，思考的角度也不同。但我们要考虑不同的意见，综合各种意见，并能从多种意见中找出问题的症结所在，这是关键。同时，我们也要从自身喜好的角度上去考虑，或者再换一个角度去考虑问题。这时，就可以做对比了（我该用什么方法去做，从哪个角度去设计、去思考呢）如何把我自己的两种身份，特别是如何成为教师中的管理者，一直是我们每个人一直思考的问题。今天讲这些，我也一直在学习，希望我们一起共勉。管理者在学校里起着承上启下的作用，是学校管理的中坚力量，是学校教职员工的直接管理者，在学校里扮演着既是领导又是下属的角色。

那我们到底有什么目标，有什么想法，为什么要做这些事，做这些我们为了什么，为了得到什么。这些问题实际上是当好干部或做好工作的主要原因。（为什么有些老师做不好，或者问题很多）

我们的目标是什么？就是要把学校办好，办好学校是我们个人价值的体现，是我们活着的意义（人活着的意义有很多，如获得成就感、成绩感、成长感、家庭感、孩子的成就感、自我价值感等）。干部都有一定的专业技能，都具备责任心和主人翁精神，然而，很多干部对管理学的相关知识还不够熟悉，不能运用得那么纯熟，特别是人又多种多样且有不可预见性。所以很多时候，我们的管理者时常在感叹工作的艰辛和不如意主要表现在以下几个方面：

1. 工作不被认可

领导不但不赏识自己的工作，而且经常感到自己虽然做了很多工作，但上级领导就是看不到，看到的只是自己的缺点，自己总是得不到肯定。

2. 与相关部门的同事搞不好关系

同事不支持、不配合自己的工作，导致部门工作不好开展或是开展得不顺利，自己的管理水平得不到有效提升。

3. 教师不服从管理

由于工作能力、认知与要求有一定的差距，导致管理者骑虎难下，出现困惑、迷茫等不良状态。

4. 工作错位

因某些中层干部单打独斗，团队整体执行能力偏弱，使整个团队的工作质量和工作效率不高。一些中层干部由于忙于具体事务，将本该中层做的规划、计划、总结等交给分管领导，分管领导就不得不成为部门总管，导致整个单位出现角色错位等不良现象。

5. 规划能力偏弱

学校决策和领导意图不能有效地得到贯彻执行。有些中层领导计划能力不够，走一步看一步，做到哪里算哪里，工作重点不明确，总结能力不够，不能针对实际情况及时修正整体工作方向。

6. 思想僵化，没有创新意识

有些干部的"自我绩效"和"自我保护"意识较为严重，认为自己只要做好自己就可以，学校的整体利益、学校的形象、学校的发展都与我无关，对很多问题视而不见，不能发现问题，更不能解决问题，最后导致丧失了创新意识。

7. 故步自封，没有学习意识

有的干部不能进行正确的自我认知，认为自己在这个岗位上的专业技能最强，好像这个位置就非我莫属；有的干部学习意识淡薄，不知道外面的世界已经发生变化，有些制度是几年前甚至十几年前的别人的制度；有的干部自认为还不错，自我感觉良好，不知道兄弟学校是怎么成功的，如今无论是理念上，还是在管理水平、效果上，兄弟学校都已远远超过我们。同时，干部中不愿学习、羞于请教、得过且过的思想比较严重。

8. 做"老好人"

做"老好人"主要体现在：不能坚持原则，不敢得罪人，有问题当面不讲背后讲，愿做"红脸"，不愿做"白脸"。

管理干部不同于一般教职工，我们素质的高低会在很大程度上影响一般教职工的职业行为，甚至关系到学校发展的深度。因此，我们要养成良好的工作习惯，如遵规守纪，关注细节；讲究原则，坚持原则，以身作则，言出必行；主动创新，全力以赴，具有务实且积极的态度。管理人员是组织机构里的中坚力量，兼有下属和领导者的双重身份。一方面，作为下属，在组织完成上级交付的各项任务的同时，领导下属开展工作；另一方面，作为管理者，在带领下属完成本部门工作任务的同时，接受上级的领导。管理者不是天生的，我们可能因为学历高、资格老而升迁，也可能因为优越的教学水平、良好的人际关系而升迁，更可能因为某次功劳、某人提拔而升迁。然而，中层管理人员不再是专家顾问，也不能靠自己的能力和条件而独善其身，扮演领导者的角色，就要担负起团队的责任。也就是说，担任中层领导的起因并不能保证胜任中层领导的职务与工作。这就是为什么大多数的优秀教职员工在升任中层领导后不能适应角色的原因。管理学上有一个著名的彼得原理告诉我们：在各种组织中，由于习惯于对在某个等级上称职的人员进行晋升提拔，因而教职员工总是趋向于晋升到其不称职的地位。

其实，我也是管理者中的一员，我深知其中的困惑与迷茫。纵观分析管理者不想做的原因，或是做不好的原因，十之八九是对政策的把握不准，感情因素过多。自己定位或是对自己认知存在误区，导致无法开展工作而做出无奈的选择，而并非管理者能力上有缺陷。那么，我们到底有没有解决的方法？我们如何才能成为领导赏识的好下属、同事支持和赞赏的好帮手，同时是教师推崇和认同的好领导？这里有没有方法和技巧？以下内容中，我把以往自己的一点经验和看法拿出来和大家分享，希望对大家的工作有所帮助。

二、管理者与领导相处的原则

1. 维护领导的权威

在领导犯错误时，我们怎么坚持这一原则呢？

（1）无论在什么场合，对领导都要有足够的尊重。

（2）合理的解释和坚持、真诚的沟通和处理很有必要。

（3）给予领导道歉的机会。

2. 不议论领导的是非

不管领导有什么缺点，他既然是你的领导就一定有其过人之处，如果他没有什么过人之处，也许你就是他的领导。

（1）长幼有序，尊卑有别（尊重教育）。

（2）人非圣贤，孰能无过，领导也是凡人，他也有犯错的时候，不要把领导想得很完美。但这不是说不去纠正领导的错误，或是盲从领导，而是要掌握正确的方式和方法。

（3）静坐常思己过，闲谈莫论人非。议论人非不仅不能体现个人的素养，而且有损自己的形象。

3. 把功劳让给他人

（1）讲话要注意分寸，要注意效果。

（2）不要显得自己更聪明，要把聪明放在工作中，让他人自然发现你的聪明才智。

（3）一切成绩是大家的。功劳说给别人，自己功劳让人说，人家不说也没有关系（大度）。

4. 勇于承担分内的一切责任

是自己的责任要主动承担，不要推诿扯皮。

（1）同一错误不犯两次。

（2）自己分内的工作，自己要承担责任。

（3）在不影响自己工作前途的前提下，可以适当地为领导分担。

5. 换位思考

站在领导的立场处理问题：如果你是领导，你会怎么处理问题？

（1）努力理解领导的意图，让领导放心。

（2）用适当的方式反映工作问题。

（3）要注意讲话的方式，不同的方式可以解决不同的问题，解决的效果也不尽相同。

6. 及时汇报工作进度

对能处理的分内工作不随便向领导请示，要请示时一定要有解决答案；及时汇报工作进度，让领导放心，让领导知道你在干什么。

（1）做好部门工作计划，及时报备领导知晓。

（2）及时反馈工作进度，适时提出问题和困难。

（3）不随便请示自己分内能处理的问题，请示时要用书面形式体现，并有备用答案。

7. 主动承担

遵守规章制度，对于教职员工的违纪处罚要严格执行并承担相关责任。

三、管理者与同事相处的原则

1. 主动支援,合作双赢

在单位管理工作中,谁也离不开谁,中层管理者在日常工作中必定要与同事进行合作,因为合作是工作完成的基本条件之一。因此,主动支援是建立良好同事关系的关键点。

2. 站在对方的立场处理问题

要经常进行换位思考:如果我是他,我会怎么处理?如果我需要他支持时,他会不会同样支持我?

3. 坚守承诺,勇于负责

在力所能及的范围内帮助同事,答应同事的事情要坚守承诺,言出必行,不要失信于人;出了问题要主动承担责任,让同事满意,让同事放心。

4. 高效做事,低调做人

对工作要尽心尽责,追求完美,并勇于奉献,给足同事面子。

5. 尊重同事,合乎民意

一些中层管理者不懂得尊重同事,这很不好。因此,我们在日常工作中不要脱离工作实际,不要在违背大多数人的意愿下开展工作,否则你开展的工作是不可能取得良好效果的。

6. 不搞小团体和政治斗争

要知道,搞小团体和政治斗争,对人对己没有任何好处,只会增加自己的负面影响。

四、成为优秀中层管理者必备的综合素质

1. 行动快

领导安排的工作在管理者力所能及的范围内要做到马上去执行。行动快是要让领导放心,让领导信任你,相信你是最具备执行力的人,唯有如此,领导下次才会把更重要的任务给你完成,才会让你挑起更重的担子。不要拖延,因为拖延既不能完成工作又不能体现你的工作能力,反而会给人怠慢的感觉。行动快要体现在每一件事情上,行动快要让大家都知道。当然,这里不是要表功。

2. 成效高

行动快对于管理者来说是体现其对工作的积极性和对工作的重视程度，每一个管理者都可以做到行动快，但是不一定每一个管理者都能做到成效高。成效高是行动快的升华，也是体现管理者工作质量好坏的依据。行动快、有效率不一定有成效，有成效才是管理者的最终目标。

3. 善管理

作为管理者，具备胜任工作的基本能力是从事该项工作最起码的要求。精通管理、善于管理，带领部门教职工提高管理绩效，改善缺失是对其最基本的管理要求。管理就是要出效益，管理就是要出成果，善管理是一个管理者建立威信、创造效益、得到领导赏识的一个重要条件。

下面总结一下：作为管理干部，要做好工作还要注意以下几个问题：

（1）作为管理干部，我们必须清楚地知道自己应该做什么和不应该做什么

中层管理干部的主要工作是管理，管理就是管人，通过他人完成具体工作。管理者的职责主要体现在计划、组织、领导、控制上。管理的首要职能是计划，管理干部既要按部就班严格执行领导的决策，又要灵活机动地调整局部战术，根据部门的目标，结合部门的实际情况，制订能实现目标的相应计划，并组织实施；既要上传下达，还要不遗余力地做好宣传、落实组织计划、激励教职工执行；还要主动寻求其他部门的配合支持，来保障部门目标的实现。不仅如此，还有责任提出部门的发展方向和项目发展建议。只有我们做到主动、积极、向上，我们的学校才会蓬勃发展。

（2）管理干部最重要的是发挥团队的作用

要充分利用人力资源，合理分配教职工的工作。只有激发全体教职工的潜能，才能更好地完成工作，而不是靠自己一个人去单打独斗。中层管理干部还要承担培训教职工的责任，要像汽车教练那样（第一次上路时给予学员鼓励，利用各种工作时机，对学员进行训练指导）帮助有潜能的教职工充分发挥自己的工作能力；当发生问题、工作受到影响时，给予教职工好的建议、支持和鼓励，进行双向讨论，甚至把工作上的一些问题公布出来，让大家一起来讨论解决。

（3）我们要正确进行自我认知

培养良好心态，提高自身素质，更新思想观念，杜绝那种见到好处时，

就表现得积极踊跃、争先恐后；发现问题时，就表现得视而不见、装聋作哑，或归罪于上级下属、同事、环境，或归罪于变化、制度、政策等外在因素的现象。要深入地思考问题，积极地解决问题，彻底排除那些归罪于外因的十分有害的消极思想。

（4）我们要有开放的心态和学习的心态

只有切实排除心理杂念，放下架子，放下成见，虚心学习，坦诚待人，做个开放的管理者，与学校同在，才能彻底走出学校与个人的发展误区。

（5）要做好监控

中层管理干部要在坚持学校的办学理念、制度的基础上，不断深化、优化、细化、序化各项工作，实行"细节管理与人性管理"。只有规范化与人性化管理，才能让教职工遵守制度，才能让制度更有效。

（6）作为管理者必须要做好表率

很多人认为管理不善是学校战略不正确、制度不健全、执行流程设计不科学的原因，其实关键的问题出在我们能不能做到上行下效，高效执行。我们的言行举止都会对他人产生巨大的影响，因此，我们必须坚持原则，以身作则，说到做到，只有这样才能上行下效，我们的团队才是一支具有执行力的团队，否则上有政策，下有对策，或是老样子，或是拿政策买好，以致很多时候结果并不是我们想要的。

衡量管理者工作成效的标准之一就是要看其个人主动发起的行动数量，在这一点上，中层管理者与冲浪者颇为相似。冲浪者只有赶在浪潮前面，才能精彩地冲向岸边，而如果每次都慢半拍，就只能在海里起起落落，等待下一拨浪涛的到来。所以，走在时代前列需要真正的努力与积极性。

我们不难发现，"语言的巨人""行动的矮子"现象在现实生活中比比皆是，此种做法乃学校领导之大忌。正如日本东芝总裁士光敏夫所言：部下学习的是上级的行动。对学校领导来说，当你希望下属做什么时，请拿出你自己的示范行为来。作为领导，当然不可能不"说"，却更忌讳不"做"。"说"与"做"简单的组合有五种，其示范作用各有不同：①说了，不做，副作用最大；②不说，不做，副作用次之；③不说，做了，有积极作用；④边说，边做，有很好的示范作用；⑤做了，再说，示范作用次之。这五种基本状态中，我提倡第④种的"边说，边做"，其积极作用最大。做的过程对领导者来说是一个了解真实状况的过程，对被领导者来说是一个被感召的过程，在这一过程中的"说"更有目的性，更具指导性。著名教育家卡耐基曾说过这么一句话："我年纪越大，就越不重视别人说些什么，我只看他们做了什么。"中国谚语也有"一个行动抵一万句口号"的说法，这些朴素的真理值得中层领导铭记。

五、要成为一个拥有影响力的领导者

具有一定影响力的领导者可以在领导岗位上指挥自如、得心应手，能带领队伍取得良好的成绩；相反，一个影响力很弱的领导者，过多地依靠命令和权力的领导者，是不可能在分队中树立真正的威信和取得满意的领导效能的。影响方式是一种"肯定"的思维，它肯定人的主观能动性，强调以人为本，承认个性，会有意识地追求自身价值。作为领导者，其主要任务就是运用组织的目标与自身的人格魅力去感召、启发下属，让下属产生自我感知，迸发工作的原动力，从而产生巨大的行动能量。持这种观点的学校领导秉持"影响别人最好的方法就是放弃控制他们"的观点，其下属工作的主动性是相当突出的，这样可以让教职工形成不断变革的意识。

六、管理者要多关注教职工的潜能开发，鼓励和帮助其取得成功

为最大限度地开发员工潜能，管理者要有意识地安排各种工作，以提高教职工的能力，帮助他们成长。像松下公司的领导者认为，如果指示太过详尽，就可能使员工有依赖心理。在命令下开展的机械工作，不但谈不上提升效率，更谈不上培养人才。只有独立自主，才能独当一面。从知识角度来看，现代科学技术的发展导致知识快速更新，一个刚进入学校任教的大学生，5年以后，其大学时所学的知识将有一半以上被淘汰。因此，学校的各种培训对于学校的长远发展起着至关重要的作用。较之知识的培训，更重要的是工作能力的培养。这就需要从组织高层领导一直到基层干部都要有一种信念和一种行为，即关注教职工的潜能开发，鼓励和帮助他们取得成功。

七、做好带头人

富有发展潜质的中层管理者表现出团队取向的工作风格，他们乐于协同作战，在实际管理工作中，他们是"领头雁"，是足球场上的"灵魂人物"；他们善于营造一种团队协作、平等沟通的文化氛围；他们坚信"1+1≠2"，并善于运用头脑风暴放大集体的智慧；他们以开放的心态欢迎批评、面对冲突，从不放弃寻找最好的问题解决办法；他们彼此欣赏，鼓舞士气，关注团队成员的共同发展。团队合作对中层管理者的最终成功起着举足轻重的作用。管理失败最主要的原因是中层管理者和同事、下级之间关系不融洽。因此，领导的信任可以给其受尊重的感觉，让其有一个广阔的施展抱负的空间。其实，充分信任对于领导者自身也有莫大的好处：把事情简单化，有充裕的时间去思考重大决策问题。正如赫茨伯格所说的理念：①工作富有挑战性并且有意义；②能最大限度地有发展和使用他们的技能；③让他们介入对自己的运作和工作目标有影响的决策。不要怀疑他们是否能干，事实上是你对别人的信任在某种程度上决定了他们对自己的信任。由此可知，人的感情因素是领导者万万不可忽略的，只有信任他人者才会被他人信任，领导者如果能够设身处地想想，得出的结论将是：己所不欲，勿施于人。

八、要注意"公正第一"的威力

公正生"威"。一般来说，大家会尊敬态度强硬但公正的领导人，而强硬只有与公正相伴，下属才可能接受。公正意味着秩序上的公正，如对教职工的奖惩要特别强调有据可依。公正意味着制度面前人人平等，其立足点是制度管人，而不是人管人。公正强调让事实说话、让数字说话，注意精确、有效。公正是对领导人品格的一种考验，它首先要求领导人的品行要端正。

九、实施人性化管理

管理的人性化是现代学校管理的发展态势，这已经成为一个不争的事实。但是如何搞好人性化管理，如何充分挖掘现代学校管理中的人性化内涵，却需要人们进行深层的文化思考。所谓人性化管理，就是一种在整个学校管理过程中充分注意人性要素，以充分挖掘人的潜能为己任的管理模式。至于其具体内容，可以包含很多要素：如对人的尊重，充分的物质激励和精神激励，给人提供各种成长与发展的机会，注重学校与个人的双赢战略，制订教职工的生涯规划等。

（2016年8月26日暑假干部培训讲话）

广东省名师名校长工程交流

做有追求的教师　办有品位的学校

张主任说我们学校晚培训一天。当时我们确实是这样考虑的，因为假期对于老师来说很宝贵，按照规定，我们所有的老师应该28号才上班，从学校角度来看，如果老师能晚来一天，我们就尽量让大家多休息一天。但我想对于培训这个概念来说，每位老师的理解可能不一样，有的人可能觉得太乏味，意义不大，有的人觉得可能是一个"充电"，也有的人觉得没有办法，不听也不行，听了也没用。这个情况跟我们到外面去学习是一样的，想法不同，最终的效果就不同，在每个人身上体现的收获就一定是有差别的。昨天上午，我听了两位老师的报告，对我很有启发，所谓"术业有专攻"，每个人都有特长，一定要看到这一点。所以，我第一次在"二高"讲话时，就讲了一个心态的问题。因为从某种层面而言，心态也是一个学校文化的根基。我们用什么样的心态去面对人生，面对社会，面对家庭，面对自我，可能这真是我们教育人应该去思考的问题，也是我今天想要讲的一个内容。

今天我主要讲五部分内容：第一部分内容为工作回顾，第二部分内容为我对办好学校的再认识与思考，第三部分内容为需要重视的几个问题，第四部分内容为扎实做好各项具体工作，第五部分内容为我们的期待。这五部分内容中，第二部分至第四部分为主体内容。

第一部分：工作回顾

第一，这部分内容是工作回顾，也是我们对"二高"的一个认识。"二高"到底是一所什么样的学校？首先将近十年，我们"二高"的办学理念还是正确的。一方面，我们倡导的是一个朴素的办学，即我们要静心、尽心，这是我们的责任。我们不搞"花架子"，着眼于学生的成长，做最好的自己；另一方面，我们的模式是注重长远、注重实际、注重效果。关键是我们要思考：我们要培养什么样的人,"用尊重的教育培养受尊重的人"到底是一个什么样的人?其目标是否清晰?所以,我们要去研究,并做了一个很好的铺垫,即我们一直坚守的办学理念——阳光、进取、平实、包容到底是什么,这些如何在我们的教育中去实施。这也是今后我们工作的一个重点。

第二,整体来看,我们的学生是规范的、文明的、向上的,学生素质还在不断提升,生源还会越来越好,教育的方法也会越来越科学,教育的理念越来越创新。实际上,我们教师的能力也是非常强大的,我从我们老师的代表中就能感觉到这一点。虽然"二高"的学生的视野是开阔的,素质是全面的,能力是比较突出的,但是我们要有一个界定,像今年的初升高,深圳有多少所初中?考进普高的学生有多少?今年的录取率是47.18%,也就是说,在同龄人中,首先能够进到我们高中的学生就已经刷下去一半,那我们的学生就被定位了,其比率至少是全市参加考试人数的50%之前。

第三,在普高这个录取分数线中,在我们后面的学生有多少?与市直属几所高中相比,那我们可能是比较偏低的。社会对我们学校的关注越来越多,评价越来越中肯,我们整个队伍的积极性也非常高,这一点从去年我参加的几次课题中就可以感知到,包括省级课题、市级课题以及我们学校自己的课题,很多教师是在认真地研究。另外,我们一定要加大对教师的培训力度,并做到劳逸结合、精益求精。

第四,我们的校园文化和有关设备和设施方面。我们尽量改善我们师生生活的环境,净化校园,美化校园。校园文化是学校文化的一部分,首先我们从硬件上去改变。例如我们学校食堂的外部也能改善一下,即把食堂延伸出来,在天气不热的时候,教师可以坐到外面去聊聊天、喝杯茶,学生也可以去那里看看书……到时,我们在这块空间配上桌椅,校园的很多角落都可以被开辟出来,为教师和学生创设更舒适的地方,这是一个方面。另一方面,刚才张主任说了,我们在干部培训方面,上学期我们连续做了两期干部培训,这也是大家希望的,我们要提升干部的能力,必须要提升。我们曾专门就"我们如何当好干部"这个话题做过一个研讨。

我们要在这样的问题上去思考:第一,一定要坚持民主决策;第二,一定要坚持公平、公正、公开的原则;第三,促进行政系统的执行力;第四,服务意识的加强和提高;第五,我们一定要对学校的经费预算进行广泛的意见征集,充分听取民意。同时,我们一直在思考,如何有效利用好信息平台的问题,以更好地为我们服务。

接下来,就是校园安全问题、财务信息公开化的问题,这里有很多问题一直在推进。假如今天我出差,那么这个信息就必须公开,让干部做好充分的心理准备。那下次我们派一位普通老师去出差,老师的信息也必须公开,包括公开老师的花费,即老师坐飞机用了多少钱,住的旅店用了多少钱,所有老师这一次的花费都要进行公开,而类似的信息我们都要逐渐去推进。可能大家会说校长信息要公开,但真的要公开的时候,我们很多人在做事的时候可能就畏首畏尾,没有把我们的工作真正做好。所以在这类公开中,我们正在借鉴其他学校的经验,以让信息公开可以有效地推动整个教学的工作。这一年,我们对"二高"的工作充满信心,所以,我也在开学第一天代表学校领导班子对为学校发展和提升做出不懈努力的教职工表示深深的敬意。

当然,学校也存在发展的烦恼,也存在不如人意的事情,还存在挑战职业底线的现象,这也令人感到不安,这需要我们共同努力,自我完善,发扬我们的优良传统,在有追求、有品位上再做进一步努力,这也是我今天讲话的主题。

第二部分:我对办好学校的再认识、再思考

上学期,我讲了对学校的认识;这次我再讲讲我对办好学校的再认识、再思考。我想我们一定要做到以下几点:

第一点:管理上坚持以人为本。以人为本的管理,就是在管理过程中以人为出发点,围绕着激发和调动人的主动性、积极性和创造性开展以实现师生与学校共同发展为目的的一系列管理活动。主要包括两个方面:一个是我们要善待师生,就像我刚才说的校园文化,这也是善待师生的一部分。像我们教师休息的地方要做进一步改善,尽量让教师能有一个小憩的地方,其目的就是我们要抓人心、促人和、保发展;但反过来,从另一面理解,我们不能把"以人为本"作为一种"自我防卫"的借口。因为如果我什么都要迁就你,这不是"以人为本";如果我都是索取,这也不是"以人为本"。但是评价要公正。不要迁就,不要索取,就必须要建立激励和约束机制,以促进学校的进步。

我们需要把握"以人为本"的内涵:树立信心,有积极向上的学校文化。校园文化是外在文化,我们的学校文化是比较内在的东西。这是两个不同的概念，这里需要提到语文词语，我们的校园文化和学校文化的概念：恪守职业底线，树立集体观念。学校好，大家才能好；大家好，我个人才能好。你个人好，大家未必好；大家未必好，学校就未必好，这不是可逆的，所以一定要建立自我管理机制。在此举一个小例子，有一次，学校召开临时会议，在规定的时间内，就差一两个人还没到，大家就在等这迟到的一两个人。这看似一件小事，我们给学生和其他教师会留下一个什么样的印象？看似很简单，实际上是一个学校的文化形成的一个最基本的条件。无论什么事，都要看细节，不是看你说了多少和做了多少，你在反思的时候是否考虑过自己做到了让人心悦诚服？

所以，自我管理，特别是我们教师这个行业不同于其他行业，本身的定位就不一样：因为你是育人的，一言一行都很重要。我们的每位班主任和每位科任教师都要做到以身作则。记得在实验学校我也说过一位老师，因这位老师向我反映班级很乱，他上不了课，为此我和他聊天说："班级很乱，班级的管理肯定有问题，但首先既然你要上课，首要责任在你，因为现在的堂课是你的，那你管理不好，首先你要考虑你自己，你不能推给班主任，推给年级主任，或是把这一现象推到学生处去。"但反过来去考虑，这个班主任有没有责任呢？一定有责任。科任教师都上不了课，说明你这个班级的文化就没有建立起来。那这个年级管理有没有问题呢？肯定也有问题。问题出现了，接下来，就是解决的方法。首先，如果每位任课教师都能把班级管理好，那这个班级就不可能出现这样一个问题。其次，建立竞争机制，我觉得竞争机制在一定的时间内还是要有的，要合理使用，奖惩分明。再次，足够的培训。最后，以人性化管理减少员工的惧怕心理，这也是我们在干部培训会上多次强调的，我们的管理是为了服务，不是要产生威严，所以一定要增强员工受重视的感觉。特别是我们是从事教育的，我们一定要尊重教师，使教师得到心灵的满足，这样他们才能培养学生成为受尊重的人，所以，这也是一个相互的问题，就是说我们要发自内心地信任。

第二点：以人为本，还要做到不说谣言、不传谣言、不惧谣言，就是要敢于证实，敢于说真话，这必须要有一个精神的引领。再一个就是靠制度，一定要完善学校的规章制度，建立现代学校制度，真正施行进步的管理。

1. 发展上坚持双脚走路

来到"二高"，发现两个问题：一个是学生只要高考，其他时间都要用到课堂上去；另一个就是我们学生的活动安排得太少。当然，每个人所处的位置不一样，感觉不一样。我们首先是让学生成人，第二个才是让学生成才，这是我们教育的根本。

有关道德，指的是我们基本的道德规范、法律规范、法律意识。那天我也在干部培训会上讲了，就如校园内不能行车这一规定，这就是一个基本的东西，如果每一个人都把事做到位，能按规定去办事，其结果将可想而知。接下来，说说阳光、进取、平实、包容这些基本素养的核心内容。我们在培养学生的过程中，要明确：要想让我们的学生养成这种品质，基本上要有这样的"四心"，即仁爱心、自信心、进取心、忍耐心。我们要把这些要素逐渐融入具体的活动中去，才能把学生这种性格培养出来。那么，我们要怎么做呢？其实最主要的就是在活动中设计、在课堂中设计，不是为了活动而活动，不是为了授课而授课，还要清楚设计的思路要达到什么目的，这些都是我们需要解决的关键问题。像我们开展的活动科技节，就需要考虑类似的问题。在此基础上，我们要做好一件事，就是培养学生有一颗感恩的心。另外，我觉得最重要的就是日常的一种"滋养"，这就是说我们要身教重于言教。另外一个，要想把学生"打磨"好，也要把我们的教师培养好，尤其是把我们的青年教师培养好，关键是在细节上给予"雕琢"。德育教育是一盘棋，需要全员的参与。

2. "三实"课堂

"三实"课堂并非一个新名词，其实是大家对课堂的一种认识，我觉得"三实"课堂是对教学质量的现实追求，这是实现"三实"课堂的前提。那怎么评价才有效？关键是转变，只有评价方式转变了，才能促进我们对"实"的认识，没有这个认识，就无从谈起。以课堂中出现的共性问题为例，教师每一次都从不同的层次去讲：第一次是提出一个理念，第二次是对"真实、朴实、扎实"进行一个剖析，这次是对课堂的一个引领做出分析，这与现在的课堂是一脉相承的。再说创新课堂模式，回归就是创新。实际上，在原来的基础上去发展就是创新。所以，我们首先不要把创新看成"高大上"，而要对其有一个实际的引领。相比之前，小班教学肯定是有效的，那我们现在的教育与之前有什么不同？现在的信息技术发展得非常快，人们接受信息技术的能力确实也非常快。所以，教学方式的改变必须要随着当今社会的改变而改变。但实质的问题并没有改变，依然是要学生学好，这个不能改变。但还是讲教材上这点东西就不成了，因为这样将不能达到"实"的效果。现在的教学最主要的问题就是预设和生成问题。就是备课的时候要有预设，这节课的重点是什么，但在课堂上具体讲解的过程中，其预设就会发生一些变化，那就要根据自己的预设、自己的变化和学生生成的问题来引导这个课堂。这样的课堂不是"满堂灌"，而是创设课堂。所以，我们评课的标准就要转变，如果课堂上学生出现的问题得不到有效解决，那么，你这个课就是"不实"，所以，我们要强调"实"就是这个原因，否则就是在作秀。学生出现的问题是我预设之中的，但是这个问题在当时不能得到有效的解决，又确实是这堂课的重点内容，那我就想办法把这个问题解决了。如果这个问题没得到解决而下课了怎么办？答案是下堂课再来解决即可。如此一来，我们就需要微调计划，需要调整模式，这才是一个真正的课堂最本质的东西。再说"二分天下"，"二分天下"只是一个理念，所以，我在高三的课上就讲了，备考的时候何老师也提到过，这一理念就像书法的留白，任何一幅画，如果没有足够的留白，让人看着就会感觉很压抑。转到课堂，你没给学生"消化"的时间，学生肯定会感到很难，所以这个课堂不是由时间决定的，就像40分钟的课，教师讲40分钟是不是一堂好课？我可以大胆地说是好课；如果40分钟的课，教师讲1分钟是不是好课？我也可以大胆地说是好课。因此，判断一节课是否为好课的标准不是由时间的多少来评价的，而是要看教师讲的内容是什么，最主要的是看转换为学生接受的程度和学生收获的东西。如果你讲1分钟，学生把这些内容都理解了，那么，这就是有效授课；反之，如果这1分钟让学生自己自由发挥，却没有效果，那么，这样的课堂为无效课堂。因此，这些问题最主要的核心就是是否聚焦了学生的成长和进步。

另外，我们要在学生个性发展上做一些工作。所以我们要坚持，坚持这样一个我们固有的、已经形成的非常好的文化。前面讲这么多，实际上就是我们对教育的执着与大气。我们对教育哲学的思考不是肤浅的，我们一定要有自己的一点想法。

第三部分：需要进一步重视的几个问题

第一个问题：教师的责任担当

育人、提高专业水平和维护学校利益是教师的主要责任。我把前面的内容简单总结一下。由于教职工个体素质和校风的影响，我们学校教师的责任担当状况总体是比较好的，但也在不同程度上隐藏着诸多不良倾向，存在着一时难以逾越的现实困难。用了一些文绉绉的词，这也是我想了很久才写下来的语句。这一年来我们确实是这样的，大家也可以从你周围的人那里感受到这一点。

从全社会的角度看，教师的幸福感并不高，职业倦怠有所增加。首先作为教师，我们内心的想法和知识还是很重要的，尤其是我们教师行业本身就是教育人的，我们的内心更应该强大，更应该有自我的反省。这个权利的尊重和责任的担当是相互的依存关系，就是在基本权利得到尊重的同时，要公正地落实问责制，这是非常必要的，否则会因为少数人逃避问责而导致整体的失落。所以，我们要感悟"职业守则"，我们要启发"自知之明"，提升承担责任的意识和能力。这种提升需要有一些认同感。什么是认同感？首先是自我认同感，这个很关键，但我发现现在很多人是自我感觉良好。我们所说的认同一般包括自我认同、学生认同、家长认同、学校认同和社会认同。所以，我们一定要加强学校内部制度的建设。

第二个问题：干部队伍

干部队伍建设是一个长久的工作，我们要提升干部的境界，才能提升我们干部的品位，才能提升学校的品位。我们要消除小气和狭隘，特别在干部身上，我们要让教师变得大气，让学生变成大气、阳光的人。如果一个校长不大气，一个学校的领导干部不大气，那这个学校不可能阳光。所以，我们的教育理念（思路、责任、气质、作风和情怀）必须要达到一定的高度。所以，我们这里也要考虑干部管理体制。上学期，我在试行"尊重民意，用最合适的人"这一举措，其目的就是要用好干部、培养好干部、管理好干部。当然，首先要做好新干部的培养和选拔，这个就要通过大家来帮助学校把这件事做好。那么再一个就是刚才说了：一个是学校的定位，一个是干部的定位，一个是教师队伍的定位，我们拿什么来吸引我的学生。我简单地总结一下，大概是这样的：信任、知识、气度、语言、责任。特别是教师确实水平有高低，我们坚信一位好教师不是天生的，应该是一个积淀的过程，也是一个迸发的过程。所以，与高手过招，你才知道你有多低，是不是？所以我坚信，教师的水准不是天生的，但一定是修来的，关键是你修不修。这里的关键就是我们的师风，特别是开展学术的氛围是否良好。为此，我们要开展一些高质量、高水平、有内涵的学术活动来提升学生的素养。前面我所讲的也涉及这些内容，所以，我想这个问题还是要抓基础。理念有了，基础一定要落实，就是我们要集中一段时间，抓一些教学的环节，要弄清教育的环节中，学生到底存在什么问题，我们应该怎么做才好，这些都需要我们静下心来去考虑。我们的管理要大胆，工作方法要改变和创新。那么，在健全人格方面，我们也要理清思路：在尊重教育的基础上，我们到底要怎样培养学生的人格？以责任意识为例，我特别写了一句：对问题的判断能力与批判能力。除此之外，我们又要有质疑的思想，但这批判能力是建立在科学的价值观和科学的研究基础之上的。怎么来批判这样一个问题？批判不是一个贬义词，而是一个褒义词，我们不要把批判当作一个贬义词，它是人的一种能力。那我们培养学生要有忍耐力，要有批判力，是让其对问题要有一个很客观的认识，因为如何提出问题、解决问题也是我们哲学的一种观点。

第四部分：扎实做好各项具体工作

根据刚才的一些思想，我们需要扎实做好各项具体工作。第一个还是把校园安全管理与教育放在首位，创建平安校园和幸福校园很重要，因为大家都平安才能幸福。这里的安全意识包括两种：浅层次安全意识（表象）和深层次安全意识（内心）。心理健康也属于安全的最主要的因素，我们教师的心理健康也是校园发展的一个最主要的问题，所以，我们要在"内外兼修"上下功夫。安全无小事，因为越是细节的地方越容易出现安全问题。所以，教学安全、学生宿舍安全、食堂的安全等非常关键，所以，大家对安全工作一定要高度重视。

第二个，从今年开始，我们也要做一些"实"的事情，就是我们教师的教学特点、教学风格方面，每一位教师都要形成独具自己特色的教学特点和教学风格，这样也需要包装，也需要提升。因为只有包装和提升，我们的教学水平才能得到更好地提升，这也是一个科研的问题，计划从今年开始，我们每年大概推进3~5位教师，这个提升可以通过我们自身及我们高校的研究团队来实现，如聘请深圳大学、华南师范大学两个团队来做我们教师教学的研究。在此基础之上，我们成立了一个青年教师成长营，以此来开展一系列的培养工程。另外一个就是以问题引领科研、以科研促进问题得到高水平的解决。我们要把所有的问题提到一个科研的高度上予以解决。像迟到问题和食堂的监管等问题均应高度重视。不管大家提多少意见，我们都应尽心尽力去做，一定要监管到位，所以，该量化就量化，该提升就提升。学校在监管上一定要下功夫，一定要做到有奖有罚，并将检查结果直接公布出来。当然，既然我们是一个团队，我们大家就要做到彼此谅解、彼此关注。除此之外，我们大力倡导读书、阅读。首先，我们在学生中开展了广泛的读书活动。语文组的黄正华老师和英语组的唐老师做了大量的工作，语文组和英语组全体教师都在努力，觉得这是一项需要常抓不懈的工作。为了进一步强化这件事，我们要倡导教师读书，我了解到我们很多教师自发组织的沙龙读书活动非常好。希望我们的每一个人都能去读，正所谓"书中自有黄金屋"，的确是这样。其次，这学期我们也逐渐在调整我们的管理体制，就是要加强年级指导与管理。今年，我们从高三、高二逐步到高一来实施这样的一个体制。最后，说几句我们的期待：在这个过程中，特别感谢张志红和黎明德老师，因为上学期，宋校也说了，两位年级主任确实有一些身体的问题、家庭的问题和困难，就辞职不再担任年级主任了，我们对他们的工作首先表示肯定和感谢。确实，年级的工作对学校来说是一个非常重要的工作，所以，我们在假期找了很多老师在聊这件事，谁可以来做这项工作，或者谁更合适做这项工作，这也是一个民意的测验。同时，我们期待以下几点：

（1）平安发展——多事之秋，谨慎行事，我们还是要和谐向上、身心健康。

（2）特色发展——就是我们要做最好的自己，要有个性、有品位、高质量。

（3）享有尊严——学校的尊严不是外表的华丽和建筑物的巍峨高大，而是要努力提高教育教学质量，提高办学水平，以优良的师资、优秀的服务、深远的影响赢得社会的高度认可，并以此获得"二高"师生的尊严。因此，要形成学校的优良传统，形成"二高"的文化。在此，让我们增强责任感、使命感，去共同创造"二高"一流的业绩。

第五部分：我们的期待

体验心情

  最后用了我自己和学生在一起的一张图片,我觉得这张图片是一种心情的体验吧,包括学生的一种心情。我坚信,在大家的共同努力下,"二高"一定会不断进步,越品越有味道,越办越有尊严!

(2016年8月30日,根据录音整理)

信息时代，风云际会　智慧校园，舍我其谁

——深圳市第二高级中学教育信息化建设简介

深圳市第二高级中学创建于2007年，是深圳市教育局直属的全寄宿制高中，也是广东省最年轻的省一级学校和国家级示范性普通高中。学校现有60个班级，近3000名学生。创办近8年来，学校实现了高起点、跨越式发展，获评为"省德育示范学校""市首批德育""体育双特色学校"，连续四年荣获市高考工作卓越奖，被誉为"深圳优质高中教育最大的增长点"和"深圳新建高中的样板校"。

一、技术领先的信息化基础设施

2007年建校伊始，学校就配置了1000多台的计算机、20余台服务器、70T+的存储，以及防火墙、入侵检测、上网行为审计、WAF等安全系统。学校为每位教师配备了电脑，分配了私有网络空间及部门网络空间，全校教职工可在全校任意一台电脑上方便快捷地工作、交流，共享多媒体资源。所有教室和多功能室均配备有多媒体教学平台，包括计算机、短焦投影机、交互式电子白板、智能中控、展示台等，率先实现了无尘化教学。所有教室都实施这一配置，这在全市是第一家。学校还于2010年启动了数据交互平台项目，逐步实现了多个应用系统的单点登录、数据统一、内容聚合等。

学校建设了目前国内最先进的支持IPV6标准的校园网，联通全校所有区域，并在主要区域补充了无线网络，实现了全校的无缝网络覆盖。开发部署了统一认证和门户系统、数字化校园管理系统、视频点播和直播系统、教育资源库、网络阅卷系统、数字广播系统、一卡通消费系统、高考监控系统、普通课

室自动录课系统等应用系统。学校还建有校园安保系统、校园智能广播、演播室、录音室和学生电视台等，校园内的直播、点播已经成为常态。

基于良好的硬件环境，学校为师生们创设了网络教学空间，以方便教师在线教研、资源共享，以及学生的在线学习等；引进建设了多项教学、教务管理应用，基本可以满足教师的在线备课交流、课件上传、题库建设、互动学习、资源管理、网络阅卷评价等需求，同时也满足了学校的学籍人事管理、校务管理需要。为方便使用和维护管理，学校还开发了统一门户和认证系统，并实现了主要业务系统之间的数据交换与共享。

我校课堂教学学科普遍开展多媒体授课，教师们都能熟练地使用相关工具、资源，选用合适的教学环境开展教学。各学科组的集体备课也充分利用网络空间共享、交流。自动预约录课、网络评卷、网络选课、研究型学习、教学活动校内直播等，这在我校已经司空见惯。此外，从学生报道的网上注册开始，到每学期的选课、网络评价、在线资源分享、网络空间应用、学生电视台节目编导制作等，学校不放过每一次锻炼学生应用能力的机会。学生也已习惯通过网站、微博等获取学校的各类信息，通过个人网络空间开展自助服务、自主学习。

二、功能完备的全课室录播系统

我们认为，一所优质的高中，要达到良好的教学效果，完整的高中课程视频资源库必不可少。好的资源应该既包含学校"内生"的，又有兄弟学校、互联网"外生"的，更有教与学的过程性的，且内外沟通互补的，这样的资源才能实现更方便地使用检索，使学校更具成长性和生命力。

为储备内生资源，学校于2012年启动普通课室录课系统建设，实现了在全部普通课室的自动录课。整个系统分为五大部分，即教学信息采集模块、课件云录播模块、控制中心模块、教学资源应用平台模块、观摩评估模块。以上有机的组合共同形成录播云服务系统。

我校的录播云服务系统对授课教师没有任何要求，授课教师不用改变以前的授课习惯；电教中心可以自动化完成多间课堂的实况录播，实时采集教师的图像与声音，并进行实时压缩，生成有音视频和电子文档的流媒体课件。课件录制好后，可以进行任意剪切，也可以对多个课件进行拼接处理，实现添加片头、片尾等功能，像编辑好的45分钟的课件5分钟内就能导出完毕。

全课室录播系统建成后，教师们可以随时预约自动录课，形成含讲义的3分屏课件。并依托在线学习系统拓展微课、试题等资源的建设，同时记录学习过程、学习结果等，建立学科网盘，方便资源在校内的快速共享。这种多堂课的同时录制，可以快速积累大量的课程录像，进而形成系列化课程，满足学生系统性的学习需求。对于课程质量，则可以通过"一科一课"的方式进行多录，让师生在线点评，自动筛选出为大家所认可的优质课程。同时，大量的录课也为授课教师提供了一面镜子，因为在常态课的反思中，授课教师更容易发现自己的不足，从而快速提升教学水平。

为更方便师生对课程进行点评观看，我们于2013年上线了教学课例分析系统，提供对视频课例的切片功能，以及丰富的视频点评功能。通过对视频课程的精选和裁剪，还可以逐步积累用于翻转课堂教学的微视频，从而为今后可能的在线学习、泛在学习等提供课程视频资源，该系统的建设是学校对传统精品课程录课的一次大胆拓展。

对于外生资源的互补，学校于2013年启动了新的教学资源库系统的建设，该系统可以导入学校现有多个资源库的资料，同时可以和市电教馆的中心资源平台进行无缝衔接，从而实现学校资源平台和市资源平台的互通互补。

三、新颖活泼的智慧化翻转课堂

传统的讲授式教学越来越不能满足课程改革和教育发展趋势的需要，是否能拓展课堂的广度、深度与课堂参与度，把学习和思考的空间还给学生，构建自主学习、探究学习、合作学习、模拟学习的环境，是现代课堂、数字课堂的标志。为此，我校大力推行"智慧化翻转课堂"（以下简称智慧课堂）试验项目，构建适应平板电脑为学习工具的教学平台。

PAD（平板电脑）在教育信息化方面有着独特的技术优势，其轻巧便于手持、触控、手写数理化图形、放大、缩小、滑动，这些特点有着普通台式电脑和笔记本无法比拟的优势，PAD作为电子书包，将其应用于课堂教学已成为大势所趋。我校将四间传统教室改造成支持物联网覆盖的智慧教室，建设智慧教学平台，为学生课前预习、课后作业辅导提供支持。利用各种教学课件，激发学生的学习兴趣，培养学生的自主学习能力，实现学生的自主学习目标，让学生充分享受优质资源最佳的主动学习环境。

我校四间智慧教室以智慧课堂云终端为中心，由电子书包、智慧课堂软件、智慧教学平台、微课大师软件、移动式充电柜、感知与控制模块共同构成，并与电子白板进行无缝对接。智慧教学平台集成了教师备课、课堂互动教学支持、课外自主学习三大功能，支撑备课、上课、预习、互动、作业、答疑、讨论、自学、家校互动等各个教学环节，可以同时满足四个班200名学生同时上课的需要，师生（高一、高二年级2000名的学生均有自己的账号）可以随时运用平板电脑中的题库中心、组卷中心、内容中心、教学中心、授课中心、AiBook功能、AiTeacher功能、教师空间、班级空间、学生空间、家长空间、测评中心、教学质量分析中心来进行教学和课后反馈，实现了随时随地的学习和交流。

我校大力支持、积极开展智慧课堂实验，高一年级的两个实验班的十多位教师每周都进行平板电脑的课堂教学探索，高二年级的全体水平测试科目教师利用平板电脑进行高考复习，多位教师投身于智慧课堂的改革试验中，校领导更是亲自上阵，开展翻转课堂等新模式教学实验。此外，各科组均有专门教师进行学科资源库的建库和整理工作。

智慧教室、平板电脑在教学中的运用，实现了系统内校园教学零障碍交流，调动了学生主动学习的积极性，推进了教育现代化的进程，提升了教学质量和教学体验。

四、屹立潮头的中学生创客空间

"创客"一词来源于英文单词Maker，指的是出于兴趣与爱好，努力把各种创意转变为现实的人。创客以用户创新为核心理念，构建以用户为中心的，面向应用的融合从创意、设计到制造的用户创新环境。"出门不用担心忘带钥匙，用手机微信扫一下二维码便可将门打开；不用担心老年人下床开灯不方便，当下床触碰到鞋子便可让房间亮灯；不用麻烦找电源给手机充电，桌子上镶嵌的线圈便可轻松解决充电的问题……"这些并不只是天马行空的想法，而是我校创客们的真实作品。

"二高"创客空间社团于2013年9月成立，以社团的形式运营，旨在激发学生的创新精神，培养其创新能力。社团目前配备有数十套Arduino开发板、

开源硬件创意平台Makeblock、Pcduino、3D打印笔、3D打印机、电子DIY套件、激光切割机、金属切割机、简易数控机床等大型设备。

创客空间主要通过Arduino开源硬件平台进行学习和开发,旨在激发学生的创新研究能力,采用互动学习的方式,发挥学生的聪明才智,培养学生的动手能力,开发出富有创意的电子互动作品。空间经常请创客达人来校内分享项目,开展系列创客文化沙龙,同时向全校开放,让充满想法与创意的师生都可以尽情造物与分享,充分体现创客文化。自开办以来,学生热情高涨,各种创意作品层出不穷。

目前,创客空间活动主要分为以下三个组:

1. 3D打印组

(1)3D打印笔:利用3D打印笔,可以像绘制草图一样把创意简单地搭建起来。目前,通过将3D打印笔引入通用技术课程,探索如何让同学们将创意更好地表达出来。

(2)3D打印机:又叫作快速成型机,可以将设计的原型快速的制作出来。3D打印机制作出来的作品可以用在电子DIY上,如作品的设计原型、外壳、传动齿轮等。

2. 电子DIY组

电子DIY不仅自己制作一些作品,也会制作一些有乐趣的开源项目,如水果钢琴和无线充电桌。

水果钢琴是利用Makey Makey发明套装制作的一个互动性很强的作品,只要你摸一下水果,就会发出一个音符。利用Makey Makey套装,可以让任何导电的物体都变成触摸板。

无线充电桌是利用电磁感应的原理,初级线圈一定频率的交流电,通过电磁感应在次级线圈中产生一定的电流,从而将能量从传输端转移到接收端。虽然充电的效率不高,但是充满了乐趣。

3. 可穿戴智能系统组

以开源硬件为基础,结合各类传感器,我们尝试着进行智能家居方面的设计。利用开源硬件,充分发挥创新思想,打造的第一个作品"基于电子罗盘的智能起居照明系统",在省市的科技创新赛上初露锋芒。

两年来,创客空间先后组织或参与"2013年MDCC(移动开发者大会)中国""2013年Hack42 Hackathon""2013年CSDN创客马拉松深圳站""2014年中美青年创客大赛""2014年在社团展示周组织创客体验日""中国移动互联网博览会暨创业大赛""2014年MAKE FAIRE深圳站""2014年上海创业邦大赛""第29届深圳市科技创新大赛""第29届广东省科技创新人赛"。其住深圳的领先地位、前沿理念和斐然成果，吸引了众多媒体的纷纷报道。两年来获奖无数：第29届深圳市科技创新大赛一等奖，第29届广东省科技创新大赛二等奖，2013年CSDN创客马拉松比赛三等奖，2014年中美青年创客大赛深圳赛区优胜奖，2014年中美青年创客大赛总结赛三等奖。深圳市市长许勤对"二高"的科技创新教育和创客空间给予充分肯定，赞扬我校师生在科技创新工作中取得的成果，并表示会大力支持这种"创客"文化在基础教育中推广，在政策和资金上也将给予不断的支持。

五、首屈一指的国际化机器人社团

机器人活动不仅是一项高智力的竞赛，还是一个很能体现学生各方面素质的竞赛。深圳"二高"机器人社团于2008年9月正式开展活动，目的是通过开展机器人活动充分调动学生的学习能动性，发挥他们的聪明才智，培养学生既能动手又能动脑，还能克服困难、勇于进取的品质以及在各类竞赛合作过程中形成的团队意识。

近6年来，机器人社团学生参加了全国、省、市各类青少年机器人的比赛，包括机器人足球、机器人篮球、机器人基本技能、VEX工程挑战赛、FLL（FIRST LEGO® League）机器人工程挑战赛、FTC（FIRST Technology Challenge）和FRC（FIRST Robotics Competition）机器人挑战赛等，学生动脑、动手和创新实践能力得到充分的展示，取得了优异的成绩，可谓硕果累累：共获得市级奖项13项（包括一等奖4项、二等奖4项、三等奖5项），省级奖项9项（包括一等奖1项、二等奖4项、三等奖4项），国家级奖项4项（包括一等奖1项、二等奖1项、三等奖2项），国际级奖项3项（2013FLL欧锦赛单项最高奖DSPACE Drive Award）。

仅以近三年为例，机器人社团就先后获得"德国法兰克福DSPACE Drive Award世界第一驱动奖"（2013年5月）、"美国休斯敦FIRST机器人挑战赛9支非美国本土的参赛队中排名第一"（2014年4月）、"China Robotics

Competition单项最高'团队精神奖'"（2014年8月）"FIRST机器人挑战赛二等奖"（2015年3月），并获邀参加2015年7月于澳洲麦考瑞大学举办的亚太邀请赛（中国仅有9支队伍有参赛资格）。

近8年来，我校高度重视智慧校园建设，教务处专职负责校园信息化建设管理，并建设了一支专业的信息化技术服务与保障队伍和信息技术应用研究推广项目团队。学校把"智慧校园"建设与应用列入学校的整体规划，有较完备的管理制度和工作激励机制，有制度化、持续性的经费投入，有具体详细、可行性强的建设方案和章程。在这个风云际会的信息时代，"二高"立志于在深圳这片科技与创新的沃土上，在智慧校园的建设中，与时俱进，傲立潮头！

广东省2018年"强师工程"名校长工作室学员研修培训合影

寥寥十年　心中有您

——在"深圳市第二高级中学建校10周年庆典"大会上的讲话

今天，群贤毕至，高朋满座，我们怀着无比激动和喜悦的心情，回顾十年创新教育的成果暨庆祝深圳市第二高级中学建校10周年。在此，我谨代表全校师生员工，向出席今天庆典的各位领导、嘉宾，向曾经在"二高"这块热土上辛勤耕耘的老领导、老同志，向热情关注、支持母校教育事业发展的历届校友及家长表示热烈的欢迎和衷心的感谢！同时向全校师生员工致以节日的祝贺！

古语有云："十年磨一剑""桃花夭夭，寥寥十年，你在心上。"十年间，"二高"人，一直将"育人"放在心上。

"二高"的十年，是不断优化办学环境的十年。战国时期著名思想家荀子在《劝学》中说道："君子居必择乡，游必就士。"他认为，环境对人的成长有重要影响，有利于学习的环境，可以使人远邪近正，修身立德。校园是有生命的，校园的自然环境和人文环境对学生的影响是潜移默化的。"忆往昔，峥嵘岁月稠"，2007年，对于"二高"来说，是永远难忘的一年，为缓解高中学位紧缺，为满足人民群众对优质教育的迫切需求，深圳市委市政府决定，在南山西丽创办一所现代化学校，"二高"就这样应运而生了。首任校长邓世平先生带领第一批"拓荒者"来到这里，从2007年3月学校筹备组成立到同年9月顺利实现开学，仅用不到半年的时间就高质量地筹建开办了一所从零开始的现代化寄宿制高中学校。"二高"在艰辛中起步，在竞争中发展，在挑战中卓越。十年前，这里是"荒山连成片，黄土飞满天"，今天您走进"二高"，呈现在您面前的是悦耳鸟鸣、树木葱茏，茂林修竹相互辉映；亭台连廊、水池喷泉相映成趣，秋春冬夏繁花似锦，晨昏朝暮书声琅琅。整个校园形成一幅人文景观、园林景观、生态景观的立体绿色画卷,"二高"成为莘莘学子读书生活的好地方。当年艰难的创业经历已成为"二高"人宝贵的精神财富,学校凝练出"阳光、进取、平实、包容"的学校精神,和谐、疏朗、博大、自由的办学环境,让师生诗意地生活在校园,诗意地在这片美丽的土地上教书、学习、成长。

"二高"的十年,是不断继承创新、开拓进取的十年。《礼记·大学》中说:"苟日新,日日新,又日新。"我们从管理、育人、教学等各个层面不断地进行继承创新。十年探索,十年创新。育人、教学是学校的中心工作,我们深知,课堂是学校发展的生命线。从根本上说,有什么样的课堂,就有什么样的教育;有什么样的教育,就能培养出什么样的人才。课堂,决定学生与国家命运的未来。为此,学校确立"以尊重的教育培养受尊重的人"的办学理念,提出以"君子风范、家国情怀、身心和谐、健行美善"的育人目标。我们认真研究,积极探索符合我校实际的教学理念,寻找最契合我校发展的教育教学模式。从"二分天下"到"三实课堂",从"尊重教育"到"三实教育",每一步都迈得这样的坚实,实现了教育本质"向人"的回归。

"二高"的十年,是不断加强师资队伍的十年。已故清华大学校长梅贻琦曾说:"所谓大学者,非谓有大楼之谓也,有大师之谓也。"大学如此,中学也应如此。我们深知,一所学校的质量不是反映在一幢幢壮观的校舍上,而是反映在一代代教师的质量上。办学校,要靠教师。教师的水平,就是学校的水平;教师的精神,就是学校的精神;教师的人格,会影响学生的人格。为此,学校把"厚德精业、智慧博学"作为教师终身的职业追求。十年来,我校通过多渠道、多措施促进和引领教师专业成长,构建青年教师成长营、中青年骨干教师发展促进会、阅读研究中心、名师大讲坛等教师发展平台,这是一个金字塔形的教师成长机制,通过这样的机制,"二高"的教师迅速成长,学校形成了一支功底深厚、敬业奉献、积极进取的高素质教师队伍。

"二高"的十年,是不断促进学生成长的十年。"桐花万里丹山路,雏凤清于老凤声",培养身心健康有活力、勤奋进取有理想、基础扎实有特长、终身发展有潜能的人,已成为每一位教职工的行动共识。"二高"十年坚持全面贯彻教育方针,努力实施真人教育,创造了骄人的办学业绩:高考成绩快速进步、提升,学校连续七年荣获"高考工作卓越奖";在国家课程体系中努力开展"三实教育"改革,同时以创新精神大力开发校本课程,先后开发了尊重型德育、阳光体育、批判性思维、机器人、创客等校本课程,创客教育更是饮誉全国;我们实行三证制度，凡来"二高"就读的学生，一定要拿到阅读证，以促使学生广泛阅读、增加学生的文化底蕴；一定要拿到书写证，以促使学生写一笔好字、了解中国文化；一定要拿到游泳证，让学生练就一个强劲的体魄，懂得生命的意义。先进的办学理念，促使学生获得全面优质的发展。十年间，学校先后有1000多名学生考取清华大学、北京大学、中山大学、复旦大学、南方科技大学、香港中文大学等国内985、211高校，2016年本科率为98%左右，重点大学达线率已接近50%。

在此，需要特别提出的是：

2016年9月，李克强总理在全国双创周上与我校创客代表吴子谦同学亲切交谈。

邱健庭同学发明的《短周期数字地震计》在第24届广东省青少年科技创新大赛中荣获一等奖和专利申请奖，他代表广东省参加全国青少年科技创新大赛，又荣获全国茅以升科学技术奖和先导科技创新奖。

2015年，我校同学参加全国中学生田径锦标赛荣获100米跑冠军，以10秒45的成绩获得"运动健将"称号。

2016年，我校毕业生在全国青年创客大赛上荣获冠军并获得1000万元的创客资助资金，在全国引起强烈的反响。

十年间，"二高"开展的一系列大型社会实践活动更是让"二高"声名远扬。"我为两会征提案""关爱行动""发现深圳""中学生文化创意慈善拍卖""金点子献大运""地球一小时"等活动在深圳、广东乃至全国引起强烈反响，新华社、光明日报、新华网、南方都市报、新浪网、晶报、晚报、商报、南方教育时报等60多家国内主流媒体对以上活动进行专题报道。

学校是什么？苏联教育家苏霍姆林斯基曾说："学校就是当一个人走出校门时，能成为一个有教养的人，独立思考的人。"因此，学校是为学生成长、成人、成才服务的地方。千千万万的父母，把他们的孩子交给学校，交给老师，多年以后，我们将还给家长一个怎样的孩子？十年来，我们给社会、家长交了一份满意的答卷。

"郁郁桃李满华夏，耿耿星河耀鹏城"，"二高"的十年是不断赢得社会声誉的十年；"二高"的十年是"二高"人艰苦创业、备尝艰辛的十年；"二高"的十年是经受风雨考验、冲破重重困难的十年，也是高歌猛进，创造了辉煌业绩的十年。"二高"以人为本的管理策略，团结和谐、积极进取的校园文化氛围，稳定的教育教学质量，得到了国家、省、市政府部门的一系列表彰：

骄人的办学业绩，赢得社会、家长的广泛赞誉，我校被上级领导称赞为"深圳优质高中教育最大的增长点"和"深圳教育的新品牌"。

十年风雨沧桑，自强不息；十年锲而不舍，追求卓越。"二高"人一步一个脚印，一年一个新貌，一届一个新台阶，以自己的实践获得沉甸甸的教育成果。

岁月如歌，盛世相约。"二高"的过去值得我们怀念，"二高"的现在值得我们珍惜，"二高"的明天值得我们去开创。

"二高"美如玉，十年成大器。

请社会相信：昨天的"二高"是一首小夜曲，优美动听；明天的"二高"会是一首交响乐，旋律更加激昂，节奏更加豪迈。

请家长放心：昨天你目送一个神采飞扬的少年迈入理想的殿堂，明天你收获的将是儒雅的绅士、高贵的淑女；"二高"人将用永恒的关心、爱心、真心，为孩子的未来储能，为孩子的青春加冕。

"二高"的所有同仁们：你们用"一身正气厚德精业铸魂平凡讲台"，用自己的无怨无悔为"二高"的辉煌奠基，你们是"二高"最美的风景，请允许我向你们致以最崇高的敬意和最诚挚的谢意。

各位同仁，面对未来，让我们撸起袖子加油干，将深圳市第二高级中学建设成一个师生成长的乐园、精神的家园、文化的圣园。

最后，我衷心祝福各位领导、各位来宾身体健康、工作顺利！

祝福各位朋友、各位校友、各位教师合家幸福、万事如意！

祝福"二高"的孩子们及天底下的孩子们快乐成长、天天进步！

让我们一起祝福"二高"的明天更美好！

参加"深圳市第二高级中学建校10周年"活动

志存高远　踏实前行

今天是"二高"的第二个十年的开端之年。在我们总结十年来"二高"取得丰硕成果的同时,我们迎来了高一的全体同学,祝贺你们在人生的旅途上又前进了一大步。同时祝愿高三同学们在这一年里卧薪尝胆、勇往直前。祝愿各位教师、各位同学在新学期里身体健康、志存高远、踏实前行。

第二个十年从今天开始,昨天2017届的师生用他们的努力、奋斗、拼搏为我们铸造新的辉煌,我们的前方还有许多等待我们超越的目标。用个不太恰当的比喻,之前的十年我们就像是儿童,现在我们就要变成青年即将进入成人行列。此时用一句话来形容,那就是——恰同学少年,风华正茂。

一、恰同学少年,风华正茂,独上高楼,望尽天涯路

"恰同学少年,风华正茂,书生意气,挥斥方遒。"这是一代伟人青年时的写照。今天,我们的学校和全体的同学们是否同样具有"挥斥方遒"的情怀?李大钊说:"人生最高之理想,在求达于真理。"泰戈尔说:"理想是指引方向的航标灯。"王国维先生描述人生的第一重境界是"独上高楼,望尽天涯路"。这些都告诉我们,青年时必须要有高远的理想。

青年人不仅要有高远的理想,还需要有攀登理想的毅力。在前往理想的路上我们需要——立德、立功、立言,衣带渐宽终不悔。

二、立德、立功、立言,衣带渐宽终不悔

"立德、立功、立言"出自《左传》,被中国古人奉为人生"三不朽"。书中说"太上立德",意为人生最高的目标是树立美好的品德。不单是我们中国人这样认为,古希腊的苏格拉底也认为"知识即美德",近代的爱因

斯坦也说过:"一个人的价值,应当看他贡献什么,而不应当看他取得什么。"

哪些美好的品德对青年人最重要?首先要"心存善意"。孟子讲人有"四端",其中之一就是"恻隐之心",并由此引申出人性本善的重要结论。怀揣一颗"善良之心",闲居一座"首善之城",岂非人生一大幸事!坚定的按照心中的善意去做事,不因别人的恶言、恶行而改变自我,如陆游所说的那样"此生有尽,志不移"。

在我们的学校有这样一群同学,他们自发地组织在一起,用自己的休息时间为其他同学服务。新生们的校园生活从看见他们的一张张笑脸开始,对学校的了解从网络上的一句句对话开始,在学校吃的第一餐饭是在他们的引导下开始,军训的亲切感是从他们的陪伴开始。他们有共同的口号:有困难找学长;他们有美好的目标:三年的高中生,永远的学长团。

像学长团这样存善意、做善行的队伍还有许多,如学生会、红十字社团、环保社等都在以自己的善行书写着校园里不朽的德行诗篇。

其次要"坚韧容忍"。"天行健,君子以自强不息;地势坤,君子以厚德载物。"这句话大家都知道。"冬天已经到来,春天还会远吗?"这是雪莱的名言。其实,这都是在告诉我们实现明天理想唯一的障碍是今天的疑虑(罗斯福语),我们"不要只因一次失败就放弃你原来决心想达到的目标"(莎士比亚语)。

生活中的艰难困苦无处不在,而且经常发生在不经意之间。今年高一新生摸底考试的当天晚上,所有考试科目的老师都留下来阅卷。虽然这些老师在白天既要监考,还要上好高三的每一节课,他们已经很累了。但是,为了不耽误高一年级的分班和军训,老师们还必须抢时间完成阅卷工作。强烈的责任心让老师们战胜了白天的疲惫,坚持留下来批改试卷。

生活往往就是这样考验人,就在阅卷进行的时候,机器出现故障了,电脑也"罢工"了,几经努力却无法修复。现在回想起次日凌晨几位老师在朋友圈里发的照片和话语,仍旧让我心怀敬意。老师们围坐在一张桌前的照片下这样写道:"当时大家几乎没有犹豫,就仿佛什么都没有发生过一样,谁也没说什么,就那样拿起试卷一张一张地批改起来。等到一切结束,关灯离开时,我们才发现已经接近凌晨。"我为自己身边有这样多的、不畏困难的老师而感到骄傲和自豪。

我希望"二高"人都能学习这样一种精神，为了达成目标和理想，我们能够"衣带渐宽终不悔"，甚至是"虽九死其犹未悔"。当我们披荆斩棘、一路奋斗之后，也许哪一天我们就会发现——蓦然回首，即是诗和远方。

三、蓦然回首，即是诗和远方

生活不只是眼前的苟且，还有诗和远方的田野。其实每个人心中都有那个远方。不同的是，那个远方是在眼前，还是在脚下，或是在心中。哲学故事告诉我们：当山不来就我，那么就要我去就山。这个人生智慧的关键不仅在于心中所想，更在于脚下所行。"千里之行，始于足下，尽于足下，踏实前行。"阅读能让心理状态"慢"下来，等等自己的思绪，等等自己的灵魂，等等自己前行力量的积累，知道如何克服困难，知道自己前行的办法，知道哪些是身外之物，知道自己应该得到什么，知道自己应该舍弃什么。然后，再按照客观规律"一步一个脚印儿地走"，慢慢地"起飞"，这样反而会事半功倍。一个人只有积淀了丰富的知识、经验、智力之后，摆脱了速成心理之后，克服心理障碍与定式之后，才能通过积累和努力，步步为营，向"快"发起冲刺。有人以为，处在快时代，只有努力着、勤奋着、拼搏着、前行着，才能跟上时代的步伐。如果没有足够的积淀，没有足够的知识储备、智力储备、精力储备、心理素质储备，要跟上快时代的步伐，并不容易。能够让自己"慢"下来，把心态放平和，从平凡之事起步，从小事做起；让心更安静、更专注、更耐得住诱惑，这样的生活和积淀，看似"不够急""不够快"，实际上是一种"卧薪尝胆"，会让自己变得更有内涵、更扎实，为将来"更快"打下基础。"厚积薄发"告诉我们不要一味地"求快"，要学会积淀。只有多多积蓄，才好慢慢释放。人的一生，就像马拉松比赛。"快"和"慢"就像硬币的两面。"慢"调整状态，"快"更有效率；"慢"意味着积淀，让之后的"快"目标明确。这才是踏实前行。对于同学们来讲，初踏高中时立下的志向，经过高中三年的磨砺在毕业时盛开成鲜艳的花朵，这条路就是我们要去的远方。

老师们、同学们，站在学校第二个十年发展的新起点上，我们不能失去远大的理想。对于我们这样一所年轻的学校，对于我们这些年轻的师生，"理想就是青春的光和热"（裴多菲语）。我衷心地祝愿"二高"的每一个人都积极、乐观、坚忍、尽责地迎接每一天的到来!祝愿我们的学校在新的十年里取得更加辉煌的成就!让我们一起为了这个美好的目标,从新的学期开始一起踏实前行!

(2017年9月1日)

接待合作学校领导来访

第三章

一个理念,点亮学子前程

尊重出万象　自主超常伦

——深圳市第二高级中学创建素质教育特色学校的探索与实践

深圳市第二高级中学创建于2007年4月，是深圳市教育局直属的全寄宿制高中，也是广东省最年轻的省一级学校和国家级示范性普通高中。学校占地面积10.8万平方米，各项教学和文体设施位列全国一流，校园里建有全国中学首屈一指的艺术教育基地。学校200余位专任教师中，有博士、硕士学历的66人，特级教师8人，省市名师和学科带头人20人。

"二高"创办伊始，即确立了"以尊重的教育培养受尊重的人"的办学理念，大力提倡尊重教育规律，尊重生命成长规律，尊重学生发展差异，着眼于学生的长远发展，努力破解德育、体育、创新等基础教育难题，探索将素质教育特色建设落实到课程改革中去。学校以国家《基础教育课程改革纲要（试行）》和《广东省、深圳市普通高中课程方案》为行动指南，在国家课程体系中努力开展"二分天下"高效课堂改革，同时以创新精神大力开发校本课程，先后开发了尊重型德育、综合实践、阳光体育、批判性思维、机器人、创客教育等校本课程。所有校本课程进课程表，教师撰写了多种校本教材，建立了分类学分评价体系，逐渐形成了尊重型德育、阳光体育、科技创新三大特色校本课程体系。尊重的理念，孕育出综合素养之花；自主的精神，结出丰硕的创新之果。

2013年，经专家评审，"二高"成为深圳市首批德育特色学校和体育特色学校。2010年，"二高"被破格评为"深圳市一级学校"；2011年，被破格评为"广东省一级学校"，并通过广东省教学水平评估，成为"广东省普通高中教学水平优秀学校""全国特色高中实验学校"；2014年，"二高"成为广东省国家级示范性高中；2010—2015年连续六年荣获"高考工作卓越奖"。学校被深圳市教育局领导称赞为"深圳优质高中教育最大的增长点"和"深圳教育的新品牌"。

那么，"二高"是怎样创建素质教育特色学校的呢？主要措施如下：

一、着力打造学校之魂

"二高"创办之初，学校领导班子就深刻地意识到：一流的硬件，一流的师资队伍，必须有先进的教育理念来指导，这样办学才有魂。

当今中国教育形成了一个普遍的现象：千校一面。高中更是几乎一个面孔：一切为了高考升学率、教师"满堂灌"、题海战术、加班加点补课、准军事化封闭式管理、缩减体育、音乐、美术和综合社会实践课时、只抓少数尖子生放弃大多数学生……教育沦为考试比赛的机器，学生的生命力、想象力、创造力日渐消退，综合素养日益下降，严重影响他们的终身发展和生活幸福，最终将影响国家的可持续发展。

"十年树木，百年树人"，学校肩负着培养人的重大责任，应当既对学生当下的健康成长负责，更要对他们未来的终身发展负责。教育工作者要具备长远眼光，就要有终极关怀，终极关怀必须依托在哲学思考上，因此，形成学校哲学成为办学最重要的思想基础建设。

什么是学校哲学？学校哲学就是学校的精神之源和生命之魂，它虽然看不见，但贯穿在学校的一切工作中，是为了师生生活幸福的哲学。

"二高"创办伊始，领导班子就在不断思考"二高"的学校哲学。2007年5月，学校筹备组刚刚组建两个月，便召开了"深圳市第二高级中学办学方略研讨会"。筹备组邀请《人民教育》杂志社、中央教科所、上海教科院、上海大同中学以及深圳市教科所的专家、学者、名校校长到会，为学校发展战略建言献策。经过深入讨论、反复碰撞，提炼出"以尊重的教育培养受尊重的人"的办学理念。可以说，"尊重"就是"二高"的学校哲学。

尊重的教育，就是要尊重教育规律，尊重生命成长规律，尊重学生发展差异，着眼于学生的长远发展，着力树立以"尊重"为特征的学校核心价值观。

"尊重"概念由低到高分为四个层级：尊重自我、尊重他人、尊重社会和尊重自然。第一层级：尊重自我，从敬畏生命、悦纳自我开始。第二层级：

尊重他人，从遵守制度，学会包容开始。第三层级：尊重社会，从服务社会、担当责任开始。第四层级：尊重自然，从保护环境，养成习惯开始。

《联合国可持续发展教育十年规划（2005—2014年）》强调："尊重是可持续发展教育的核心价值观"，我国《国家中长期教育改革和发展规划纲要（2010—2020年）》有9处提到"尊重"，在"指导思想"这部分特别强调"尊重教育规律和学生身心发展规律，为每个学生提供适合的教育"。哲学家爱默生曾说过："教育成功的秘密在于尊重学生"。

"二高"提出尊重的办学理念，也有着中华民族传统文化的渊源。

第一层级的"尊重自我"，是强调注重自我内心的和谐，可诠释为儒家学说的"修身"；第二层级的"尊重他人"，是强调注重自我与他人的和谐共存，因而可诠释为"齐家"；第三层级的"尊重社会"，是强调注重自我与社会的和谐共存，社会与社稷同义，因而可诠释为"治国"；第四层级的"尊重自然"，是强调自我与大自然的和谐共存，崇尚"天人合一"的思想，可诠释为"平天下"。

尊重教育的四个层级是内在相互联系和不可分割的有机整体。前一级是后一级的基础，后一级是前一级的升华，整个系统呈金字塔结构。尊重教育是社会主义核心价值观与和谐社会理念的校本化呈现。

"受尊重的人"就是全面实现上述四个层次目标的人。一个尊重自我、尊重他人、尊重社会和尊重自然的人，必然会沿着修身、齐家、治国、平天下的方向不断自觉成长，最终成为身心健康、有独立思考能力、全面和谐发展、受到大众尊重的人。

二、"二高"是怎样将尊重的理念落实到课程改革中去的？

破解德育难题：《我为"两会"征提案》为什么广受赞誉？

2010年春季，时值深圳"两会"召开之际，"二高"将政治课中的《国家政治制度》内容提前，策划了名为"我为'两会'征提案"的研究性社会实践活动，让同学们利用节假日深入社会、广泛调研，向"两会"提出自己的提案。学生以个人或小组的形式交回提案570份，调查对象几乎涵盖社会各阶层人士。

学校精心选编了《"我为'两会'征提案"优秀提案集》，并通过班会、升旗晨会进行了各种展示。市内外多家媒体和60余家网站均做了大量的报道。"两会"期间，深圳市政协教育界的20多名委员来学校召开了专题调研会，听取了学生的汇报展示。学生的优秀提案引起大家兴趣，至少有两名学生的提案被相关委员采纳并带到了市政协会上，学生提案还在《南方都市报》上连载，引起了社会的广泛关注。深圳《晶报》专门发表社论指出："这些中学生积极参与社会活动表现出来的创意与激情，让我们看到了城市灿烂的明天"。

"尊重"在"二高"已成为全校师生广泛认同的核心价值取向，推动了"尊重型德育"模式的探索与形成。学校将"尊重型德育"落实到课程建设上，构建了三大德育课程体系和相应的评价体系：

一是开发综合社会实践课程，引导学生在自主研究性实践中全面提升综合素养

陶行知认为，"生活即教育，社会即学校"。"二高"从火热的社会生活中挖掘德育资源，开发了政治、经济、文化等六大主题的自主研究性、实践型德育课程体系。

在"我为'两会'征提案"研究性社会实践取得巨大成功的基础上，"二高"连续三年先后开展了"我为大运献金点子""深圳中学生文化创意作品慈善拍卖""我的教育改革创新金点子"等研究性社会实践活动，都获得了极大成功。学校每年推出一个研究性社会实践主题，引导学生走出学校，采用研究性学习的方法关注民生，既增强了学生的科学精神和实践能力，又培养了学生的公民意识和社会责任感，促进了学生综合素养的提升。

"二高"教师撰写了研究性学习校本教材《学习方法的哥白尼革命》，并已正式出版，因为畅销，连续再版了三次，并被评为深圳读书月十大青少年好书之一。2013年暑期，"二高"宋文钦副校长代表深圳应邀参加在北京举行的"2013亚欧学校道德教育国际论坛"，并做了题为《研究性社会实践——德育的新途径》的发言，受到一致好评，《中国教育报》进行了相关专题报道。

二是构建学生"生涯教育"课程体系，引导学生在自主发展中认识生命的意义

"二高"开设了心理健康系列课程、心理咨询热线、"蓝色小屋"心灵对话、阳光助推团体辅导等形式，对学生进行心理干预与人格引导。为此，学校建立了包括三位专业心理教师和两名社工组成的心理教师团队和阳光心理网络，编写了校本教材《人生设计正当时》，各班级设立了心理委员，阳光心理俱乐部成为学校人气最旺的学生社团之一。

三是构建"四级三制"自主管理体系，引导学生在自主管理中获得主人翁意识

学生自主管理也是一门广义的实践课程。"二高"全面实施"四级三制"自主管理体系，"四级"指学校、年级、班级和宿舍；"三制"指班主任、辅导员和导师。学生的事情放手让学生自己去做，让学生成为校园生活的主人。学校在卫生、仪表、晨跑、课间操、就餐、就寝等方面全面实行学生自治，几乎覆盖了学生在校学习生活的全部时空。这种基于尊重和信任学生的管理模式，得到了广大学生的认同。

四是推出《德育学分管理办法》和《学生诚信自律银行》评价体系

《德育学分管理办法》以学分的方式记录学生的成长过程。各班级建立了《学生诚信自律银行》，学校制订了《诚信自律银行管理条例》，诚信自律银行的储蓄项目包括"三操"、就餐、就寝、财产、安全、纪律、仪容仪表、好人好事等10多项内容，班级建立"诚信自律银行"学生个人账户，根据银行记录，班级每周评选一次"自律之星"，年级每月评选一次"自律之星"，学校每学期评选一次"自律之星"。

学长团的建设也已成为"二高"的特色。学长团既是小老师，又是校园义工的主体。学长团的同学不仅在学生自主管理等方面发挥着不可替代的同伴引领和传承作用，而且为他们自身创设了一个同伴认可度高的锻炼和展示平台。

"二高"开展的"尊重型德育"课程建设取得了显著效果，学校先后荣获深圳市德育示范学校、广东省德育示范学校，"寄宿制高中学生自治体系的构建"被评为广东省德育重点课题和优秀课题，"寄宿制高中德育学分管理研究"已获批准立项为2013年度广东省德育课题。学校出版了《尊重的力量》《赢在师生关系》《让教育回归尊重》等共计60余万字的教师研究专著。

三、破解体育难题："跑步校长"的称号从何而来？

2013年5月的一天下午，一位家长走进"二高"的运动场，突然看到邓世平校长亲自带领高三学生在长跑，他非常感动，说他从来没看到过一位校长亲自带领学生跑步，而且坚持了多年！深圳市的媒体给了邓校长一个"跑步校长"的称号。"二高"全校学生都参与阳光长跑活动，六年从未间断。每天傍晚，运动场上整齐的跑步方阵成为"二高"校园里一道亮丽的风景。

高中生的体育锻炼时间被大量挤占，学生的健康状况每况愈下，这是全国性的现象。但在深圳市飞行员招考中，"二高"的学生连续几年占深圳招考录取人数的一半，体质健康达标率达95%，学校连年获得"深圳市阳光体育活动先进学校"称号。那么，"二高"是怎样做到这一点的呢？

"二高"建校伊始，就大力倡导尊重生命成长规律，明确了"阳光体育"发展的目标，即让每一名学生成长为阳光健康的人，并构建了相应的校本课程体系。

1. 构建"1+3"校本课程体系

"1+3"校本课程体系中的"1"指的是每年举办一届体育节，"3"指的是"每天开辟三个体育锻炼时段""每周开设三节体育课""开发三套课间操"。

"二高"每周开足三节体育课，探索以"俱乐部"形式选项上课的新模式。所有同学通过网络进行选课选项（其中游泳课列为必修课），使每一名学生都可以根据自己的爱好进行选择。学校在课表中开辟三个体育锻炼时段：每天早晨20分钟晨跑、上午30分钟大课间和下午40分钟健体活动。每天的大课间，三个年级轮流做三套操（第七套广播体操、花样绳操和武术操），这种安排成为广受学生欢迎的课间体育锻炼方式。

2. 形成一批特色体育项目

在"1+3"校本课程体系建设的基础上，"二高"逐渐形成一批体育特色项目，即体育节、高水平体育社团、阳光长跑活动。

每年秋季，学校都举办为期一周的体育节活动，体育节既有传统的田径运动会和球类比赛，还有班级跳大绳比赛、十人十一足跑、五十米迎面接力跑等趣味比赛项目，全校师生做到了人人参与，每年一届的体育节已成为全校师生期盼的体育盛会。

"二高"成立了田径、球类、游泳等学生体育代表队，组建了特色项目课题研究小组，编写了武术、跳绳、阳光长跑校本教材，分别开发了武术、跳绳、阳光长跑、游泳、篮球、羽毛球等校本课程。在2012年深圳市直属学校篮球比赛中，"二高"男女篮球队双获冠军，女子篮球队在全市篮球比赛中获得

全市第二名的佳绩。学校的虹飞花样跳绳队在亚洲第五届跳绳锦标赛中获得大奖。2014年，学校乒乓球队获得全国中学生高中组男子团体冠军、深圳市中学生男子团体、男子单打、男子双打三项冠军。"二高"的田径、游泳、艺术体操等代表队也都在全市比赛中取得了优异成绩。

在"阳光体育"活动的推动下，"二高"学生的健康水平逐年提高，连续多年被评为深圳市广播操标兵学校、深圳市田径项目传统学校。广东省首个体育名师工作室落户"二高"，"二高"体育教师连续两届取得广东省体育教师技能大赛一等奖。

四、破解创新难题："二高"为什么出现众多创客？

2013年7月，在第9届中国青少年创造力大赛全国总决赛上，"二高"的郑森湖和施灏同学一举拿下团体金奖，"二高"还被评为2013年度中国创新型学校，并获本次大赛最高荣誉——钟南山创新奖。郑森湖和施灏同学还被选入中国创新代表团，获得参加第65届德国纽伦堡国际发明展的资格。

当今中国教育界最热的词就是"创客"，全国许多学校都在建设创客空间，都在组织教师出外参观学习创客教育经验，准备开设创客教育课程。在全国率先开展创客教育的深圳市第二高级中学提供了许多宝贵的经验和有益的启示。

2014年，在深圳创客周比赛中，"二高"创客团队制作的"溺水SOS"项目获得特等奖。在2014年在中美创客大赛中，"二高"创客作为唯一的中学代表队获得三等奖，在人民大会堂接受了教育部赫平副部长及英特尔副总裁的颁奖。2015年，"二高"创客又与美国麻省理工学院、犹他州大学、南方科技大学等高校团队在国际创客公开赛中同台竞技，荣获二等奖。在众多比赛中，"二高"创客都表现出惊人的创意，受到组委会和各类媒体的赞赏，在国内外产生了较大的影响，成为深圳市创客教育的先锋和旗帜。中央电视台、凤凰卫视等多家媒体都给予了大量报道。

"二高"的吴子谦同学被誉为"二高"校园小创客的代表人物。2014年4月，他与刘育麟同学以及美国两名中学生姐妹联合创办了一家网上"跨国公司"——"旅游互淘"网站，他们通过网络和手机APP方式，推动中美两国低收入的旅游者到对方的国家去旅行，双方轮流成为旅游者和接待者。他们的创意受到社会各界的一致好评，在中国移动互联网创业大赛上，他们获得150万元资金赞助。2014年6月，吴子谦和黄淑惠两名同学参加了"中美青年创客大赛"深圳选拔赛。他们凭借作品"Funny lock"新奇的创意和极佳的商业价值，击败了由中国科学院、清华大学、哈尔滨工业大学、深圳大学等高校研究生和本科生组成的团队，获得了优胜奖，同时也获得了进入全国总决赛的资格。

2013年5月，在德国举办的全球顶级机器人赛事之一——FLLOEC机器人欧洲锦标赛上，"二高"机器人代表队从来自35个国家的54支代表队中脱颖而出，获得了单项奖中的最高奖——世界第一驱动奖。

2010年，邱健庭同学以其发明的"短周期数字地震仪"代表中国赴美国参加被誉为青少年科学赛事"世界杯"的英特尔国际科学与工程大奖赛，获得勘探地球物理家学会单项大奖。

2014年下半年，深圳市许勤市长和深圳市教育局局长分别亲自带队来"二高"调研机器人社团和科技创新教育。许勤市长勉励机器人社团的同学们"弘扬创新精神，再接再厉，取得更多创新成果，为深圳国家创新型城市建设贡献自己的力量。"郭雨蓉局长指出"二高"围绕综合素养、科技创新做了很多工作，成效显著，硕果累累，表示政府要更多地采取一些方法、政策，以推动青少年科技素养的培养。

"二高"极为重视培育学生的科学探索精神和创新能力，采取了优化课程结构、发展学生社团、举办科技文化节、创建特色实验室等措施，卓有成效地推动了学生科技创新活动的开展。

"二高"在通用技术课程、信息技术课程中努力创新。学校与深圳职业技术学院合作建立了汽车实训基地，开设了汽车实训课程。学校将社团看作广义的课程，将社团活动排入每周三下午的课程表。学校先后创建了70多个学生社团，每名学生均要至少参加一个社团，学生也可自主组建社团，其中包括机器人、创客空间等科技创新类社团。

"二高"每年都举办一次科技文化节暨青少年科技创新大赛，展示全校师生的科技活动成果，学生自主选题、设计、制作，作品普遍科学、实用、有创意，让老师们都赞叹不已。

"二高"采取教师团队自创或与校外科技部门、高等院校结合建立特色实验室，目前已建成生物组培实验室、机器人探究实验室、天文特色项目实验室、医学救护体验室，即将建成的还有创客空间实验室、数学探究实验室、现代物理实验室、化学特色实验室等，为学生的创新活动提供了便利条件。

"二高"在尊重型德育、阳光体育、科技创新三大特色建设中，取得了丰硕的成果，极大地推进了学校的发展。2010年，"二高"被评为"深圳市教育系统先进单位"；2011年，"二高"被评为全国教育科研先进单位、全国"十一五"科研杰出单位、全国心理教育百校工程科研基地；2012年10月，由邓世平校长负责的全国教育科学"十一五"教育部重点规划课题《寄宿制高中尊重型办学模式研究》顺利通过结题。如今，"二高"正在进一步努力，争取更上一层楼，以成为在深圳市内外有较大影响的名校。

期望——肩负你们的责任

我每年都期待着这一天的到来。因为这一天标志着我和所有教职工一起,经过一年不断的工作,将一群满怀理想、不断进取、日臻完善、懂得坚持的高三的同学们送上征程,完成我们的一份责任。同时,在这一天,我和全体教职工与在校同学们又高兴地看到另一群青春阳光、怀揣梦想的高一的同学们,你们的到来必然会重新谱写"二高"的辉煌,谱写我们国家的未来。

新学期的第一次晨会,我想谈一个问题:期望——肩负你们的责任。

责任伴随着人的一生,一个人在不同阶段有不同的责任,不同人有不同的责任。现在到处都有征信机构,信用会变为今后生活的一个重要的标志,信用就是看你过去各种责任完成的情况,也就是每个人都要对你的行为负责。作为校长的责任是什么?从某个角度来说,我的责任是如何成为你们的朋友,让你们在三年里从这个学校能够得到成长所需要的东西。最近,有一名学生在微博转给我了一个讲话,我看后很有同感,我加以修改并与大家分享:责任很关键,教师们有责任认真教书育人,激励、督促你们学习,帮助你们进步;家长有责任确保你们的为人受到良好的家庭教育和优良的家庭氛围,不能娇惯、溺爱;国家有责任为学生的人格健全、健康成长创造好的环境与条件。但哪怕这一切都达到最好,哪怕我们拥有最好的教师、最尽力的家长和世界上最好的学校,假如你们不去履行自己的责任,一切的努力都是白费的。除非你认真地去倾听教师的每一节课,除非你把长辈、家长、教师和其他大人的话反复琢磨并放在心上,除非你不被外界的诱惑所干扰,除非你肯付出成功所必需的努力,否则这一切都会失去意义。而这就是我今天讲话的重点。

你们每个人应该对自己的学习有应尽的责任。你们每个人都有自己的长处,你们每个人都是有用之才,都是同龄人中的佼佼者,是未来精英的幼苗,你们对自己应尽的责任是发现自己的才能所在,而学习能提供这样的机会。或

以尊重的教育培养受尊重的人——高玉库教育演讲录

许你能写出优美的诗句,甚至有一天能让那些文字出现在报纸或书籍上,但假如不在语文、英语学习中经常练习写作,你不会发现你有这样的才能;或许你能成为一名创新者或是发明家,甚至可以设计出新一代的iPhone或者更好玩的网络游戏,或是研究出新型药物与疫苗,但假如不在自然学科做上几次实验,做一些大胆的尝试,你不会发现你有这样的才能;或许你能成为一位市长或是CEO,或是律师,但假如你不去参加学生会或参加几次辩论赛,你不会发现你有这样的才能。不论你今后的志向是什么,你都需要进行相应的学习教育,你想当医生、教师、法官吗?你想当设计师、律师、建筑师或是官员吗?你想成为他们中的精英吗?但事实是,你必须打下良好的教育基础,才能从事上述任何一种职业,你不能想通过捷径获得好工作,得到别人的赏识,你必须提高自己,并为之努力、为之学习。这并非只对你个人的人生和未来意义重大,学习给你带来的益处将决定这个国家的未来,中国的未来取决于你们。

今天,你们在校学习的内容,将会决定我们这个国家在未来迎接重大挑战时的表现。你们需要在数学、物理、化学、生物、地理等自然学科课程中学习的知识与技能去治疗艾滋病、癌症等那样的疾病,去开发新的能源技术保护我们的环境;你们需要在历史、政治、地理的社会学科课程上获得观察力与判断力,来抗击贫困和解决无家可归的问题,打击犯罪和消除歧视,以让这个国家变得更加公平和自由;你们需要在各类选修课程中逐步培养创造力与智慧去创办新公司,制造就业机会和推进经济增长,国家需要你们每个人都发挥天赋、技能和才智,帮助老一辈解决当今社会最棘手的问题。如果你们不这样做,如果你们现在不努力学习,你们不仅放弃了你自己,也放弃了你的责任,更放弃了你的未来。我当然明白,读书并不是一件容易的事,我知道你们中有一些人现在面临着很多诱惑,很难把精力集中于专心读书上。我明白这一点,因为我有亲身感受,我在大学时也迷恋过篮球,也为桥牌痴迷过,但我很幸运,我及时制止了自己,调整了自己,让爱好成为学业很好的辅助。你们的性格、爱好、朋友以及家庭的经济状况、家庭氛围等这些都不是疏忽学业的借口,也不是不写作业、没有考好的借口。你们面前的状况并不决定着你们的未来,没有人为你们编排好你的命运,在这个社会,你的命运由你自己书写,你的未来由你掌握。这就是像你们这样的年轻人每天都在做的事情,世界各地都是如此。

如三年前,2015届倪犀子同学以589分考入"二高",排名深圳市第12000名(深圳每年大概能有6000名学生考入重点大学)。她是班长,热心慈善,热爱各种体育文艺活动，表现突出。经过三年的努力，她在各方面完善自己、不断进步，最后以632分的成绩被南方科技大学、上海交通大学录取，像她这样的同学在2015届中还有很多。我校创客的林文韬、李健明、黄静仪、何浩滨等同学在学习之余喜欢造物、喜欢动手制作，他们原创了很多创客项目，如"智能起居照明""芝麻开门""溺水SOS""智能方向盘"等项目在多次创客大赛上获得大奖。其中，李健明同学是校内创客编程高手，他有着沉着、冷静、不服输的精神，他的自学能力强，爱"折腾"，爱独立思考，其逻辑思维清晰，在编程算法上有独到的计算方法，攻克了一个又一个的难关。在各个社团，像这样的同学不胜枚举，他们都在努力，都在进取，都在用实际行动践行自身肩负的责任。在美国大学的图书馆里，到处能看到学习到凌晨两三点的学生，甚至更晚，有时他们和衣而睡，第二天却如往常一样学习。为什么？因为他们知道如何为了自己的将来而努力，虽然很苦，但他们知道现在自己的责任是什么，他们在为自己的责任负责。

  除此之外，我顺便提一下无论你决定做什么，我都希望你能坚持到底，我希望你脚踏实地去做。我知道，有时候你会从电视、网络上得到这样的印象：不需要付出多大的努力就能腰缠万贯、功成名就。但现实上你几乎不可能如其所愿。事实上，取得成功不是轻而易举的事情，你不可能对你所读的每门课程都兴趣盎然，你不可能和每位任课教师都和谐相处，不是所有作业你都喜欢做或是愿意做，或是能激发你的兴趣，并不是每件事，你都能在头一次尝试时获得成功。但那没有关系，世界上成功的人士中有一些是遭遇失败最多的，如《哈利·波特》的作者罗琳，她的《哈利·波特》的第一部在出版前曾被退稿12次；迈克尔·乔丹上高中时被校篮球队"刷"下来，在他的职业生涯中输掉几百场比赛，投失几千次射篮。但他曾经说过，他的一生在不停的失败，失败再失败，这就是他取得成功的原因。他们的成功，源于他们明白不能让失败左右自己，而是要从失败中吸取经验。从失败中，你能明白下一次可以做出怎样的改变。假如你出现什么错误，那并不能说明你不够理智，而意味着你需要更加努力，更多地去思考如何调整的策略。假如你考了一个低分，那并不等于你比别人笨，而只是表明你需要花更多的时间去学习，因为没有一个人天生就擅长做什么事情，只有努力才能培养出技能。第一次唱一首歌曲时，你不可能唱准每个音，一切都是熟能生巧的。对于学业也是一样，你或许反复运算才能正确解出一道数学题，你或许需要反复读一段文字才能理解它的意思，你或许把实验报告改上好几次才能符合提交的标准。不要害怕提问,不要不敢向他人求助。我每天都在这么做,求助并不是软弱的表现,因为它表明你有勇气承认自己的不足,这样做会使你学到新的东西。即使当你苦苦挣扎,即使当你灰心丧气,你觉得身边的人都已经放弃了你,但永远不要自己放弃自己,因为当你放弃自己的时候,你也放弃了自己的责任,放弃了你的未来。凡成为精英的,一定不是在关键时刻退缩的人,而是坚持不懈、加倍努力的人。

100年前,有一群和你们一样的学生,他们给中国带来希望;70年前,有一群和你们一样的学生,他们为了中国的解放事业做出了非凡的贡献;20年前,有一群和你们一样的学生,他们创造了谷歌、微软、QQ,他们改变了我们沟通的方式。因此,我今天问问大家,你们会做出什么样的贡献?你们将解决什么样的难题?你们能发现什么样的事物?20年后、70年后、100年后,后人会怎么描绘你们对这个国家所做的一切?你们的家长、教师和我,正在全力确保你们都能得到应有的教育,以便回答上述问题。我们正在给你们更多的书籍,给你们更多的课程的选择,给你们更多的先进的设备。但你们也要承担起自己的责任。因此,我希望你们从现在起能够认真起来,尽心地去做自己着手的每一件事;我希望你们每个人都有成就,都能成为未来的精英。请不要让自己失望,我们会为你们的一点点的进步而感到骄傲。而更重要的是,当你没有辜负自己,并把你的一点点收获积累起来的时候,你们会为自己的精彩而骄傲。谢谢你们!

(2015年9月1日)

2019新年联欢会暨第十届艺术节展演合影

心怀梦想　莫负韶华

——高中毕业典礼校长致辞

今天是"二高"一年一度的盛大节日，我们欢聚一堂，祝贺和衷心地祝福你们！祝贺你们顺利毕业！

回首三年来，你们在"二高"校园勤奋求学、健康成长，经历了从懵懂幼稚到青春自信的华丽蜕变，这一路上春华秋实、寒来暑往，总有父母和家人、师长、同学和朋友与你并肩而行。你们要感谢父母和家人，他们始终如一地爱护、支持着你，为你的成长而付出，包容你一切的不足，鼓励你，以你的快乐为幸福，请把最热烈的掌声献给你们的父母和家人；你们要感谢你们的老师，感谢他们三年如一日的早晚陪伴，谆谆教诲，春风化雨般传授知识、启迪智慧、助你成长，请把你们对老师的感谢与祝福用掌声表达出来吧；你们要感谢你们身边的同学和朋友，是他们的朝夕相伴，和你分享喜怒哀乐，与你走过青春中最美好的时光，也请你们把最热烈的掌声献给他们；你们也要把掌声送给自己，三年的奋斗和积淀，你们无愧于自己、无愧于朋友与同学、无愧于父母、无愧于"二高"、无愧于我们这个时代！

同时，我们也要感谢那些默默无语天天陪伴我们、帮助我们的物业叔叔、阿姨们，他们不辞劳苦天天为我们守护校门、为我们装点美丽的校园。食堂的大伯、阿姨们天天凌晨两三点起床为我们做早餐；夜深人静的时候，我们的生活老师还在一个一个房间巡视，照顾你们。三年的时间里，有太多人为我们付出，他们都值得我们感谢与敬重。我们一并用掌声回报他们，记住他们！

相较于往年，今年的凤凰花晚开了20多天，直到高考那几天，还在刻意为你们绽放。在此，我祝愿你们高考成绩优异、金榜题名。

带着六月夏花的热烈与芬芳，今天，你们将要走向远方。

从"二高"出发，你们将走向向往已久的大学殿堂，奔向有着无限可能的未来。作为校长，我衷心地为你们精彩的明天真诚祈愿和祝福！

白驹过隙，逝者如斯！同学们，短暂的三年高中时光像一条流淌在山间的溪流，有激荡回旋，有飞流直下，也有静静流淌，每一处都勾画出你们的青春记忆。年轻的你们说话喜欢用"终于"，就像终于下课了、终于考完了、终于放假了、终于可以回家了、终于毕业了……但回过头来才发现，那些自以为如释重负的，才是让人最怀念的。

回顾高中三年的生活，哪些事让你、让我永难相忘？

或许，你不曾忘记，三年前第一次踏入"二高"校门，面对一张张新面孔时的新鲜与彷徨；你不曾忘记，第一次参加军训时，与同学初次相识便携手面对挑战的英姿飒爽；你不曾忘记，每一次的新年晚会，大家辛苦排练却甘之如饴的青春绽放；你不曾忘记，每一年的读书节，诗歌朗诵、"成语英雄"、课本剧表演，校园里弥漫的浓浓的书香；你不曾忘记，每一年的运动会赛场，同学们的健步如飞、呐喊助威的激情飞扬；你不曾忘记，高三百日誓师时铮铮誓言的慷慨激昂；你不曾忘记，多少次考试成功或失利后的欢快与忧伤……

这些个不曾忘记，构成了你高中的记忆、青春的年轮和成长的时光。

我们也忘不了！忘不了你们用朗朗的读书声迎接"二高"校园的每一轮朝阳；忘不了你们夜色中掩卷归宿的欢笑和匆忙；忘不了校园树荫下草地旁你们捧卷阅读的沉醉；忘不了你们晚修时认真学习、课堂上沉着求知的目光；忘不了你们在各种竞赛和大型活动中不畏强手、敢于拼搏，为班级和学校夺得一项又一项荣誉；忘不了每次的体育节你们的矫健身影、忘情呐喊，还有你们合力把心爱的老师抛得很高很高；忘不了你们课堂上偶尔的小睡、面对老师批评的小任性、背着老师偷偷谈的小恋爱；也忘不了放学铃声响起，你们健步如飞地冲向餐厅；忘不了每次迎面走来时你们面带微笑的一句"老师好""校长好"；也忘不了你们在我邮箱里发来对学校各种的小怨言……

太多的忘不了，正是你们给了"二高"、给了老师最美好的时光！

亲爱的同学们，此刻，我要衷心地感谢你们。正是因为你们，才使得"二高"的校园充满朝气和希望，是你们成就了学校的发展，感谢你们给予老师的无数次深深的感动和喜悦。"二高"的昨天，已经留下你们一串串青春的足迹；二高的明天，也将因你们而光荣和骄傲！

过去的时光，已经在你们的脑海中定格成永远；未来的时光，已迫不及待地向你们伸手召唤。关于未来，你们一定有过对完美自我的想象、对理想人生的展望、对幸福生活的期盼。临别之际，作为你们的师长，我也有几句话想与大家分享。

一、心怀梦想，勇于担当

从今天起，大学的蓝图将在你们面前展开，大学有美丽的校园、知识的海洋、丰富的选择。因此，我相信你们会有精彩的生活。但是，让我担忧的是，在当今社会急功近利的浮躁氛围下，在部分大学生满足于拿到学分即可的现实中，你们能否在大学完成人生最重要的成长转变：从"习惯被安排"到学会主动担当，从被动学习到自主探究，从跟随别人的思想到独立思考。因此，在大学生活正式开始之前，我希望你们做的最重要的一件事情，就是"唤醒"你们内心深处的梦想！世界上最快乐的事，莫过于为梦想而奋斗！

从现在开始，我们就应该思考自己的人生，规划我们的未来，找到那个你愿意为之付诸全部力量的梦想。荷马史诗《奥德赛》说："没有比漫无目的地徘徊更令人无法忍受得了。"没有理想，不为理想奋斗，未来的大学四年乃至人生只能是虚度。无论哪个时代，青年的特点总是怀抱着各种理想和幻想。这并不是什么毛病，而是一种宝贵的品质。新东方创始人俞敏洪说过："一块砖没有什么用，一堆砖也没有什么用，如果你心中没有一个造房子的梦想，拥有天下所有的砖头也是一堆废物；但如果只有造房子的梦想，而没有砖头，梦想也没法实现。"可见，心怀梦想对于我们实现人生目标是何等重要。

这是一个大的时代，国际形势风起云涌，国内改革走向深化，很多复杂多变的问题考验着我们的智慧。同学们，当你们步入社会，每个人都会有属于自己的角色，无论你扮演哪一种角色，我都希望你们铭记"责任"二字。而你们作为当代的"90后",每一个人身上同样承载着实现中华民族伟大复兴的中国梦的历史使命。个人的发展、社会的进步、国家的强盛、民族的复兴,要靠大家去拼搏、去实现。我希望,无论日后何时,不管身居何处,同学们都一定能够敢于担当。亚伯拉罕·林肯曾经说过,"每个人都应有这样的信心:人所能负的责任,我必能负;人所不能负的责任,我亦能负。"

在追梦的途中,你一定会遭遇挫折、经历失败,请不要把它作为自我放弃、甘于平庸的借口。王小波说:"每个人的生命中都有一匹骏马,无数黑暗过去,才姗姗来迟。"梦想正是我们生命中的这匹骏马,以梦为马,勇敢前行!青春,因梦想而绚烂,因奋斗而精彩!

二、珍惜青春,莫负韶华

高中毕业了,属于你们的青春才真正开始!

同学们,从今天开始,将开启你们人生崭新的一页;从今天开始,你们要真正地离别父母开始独立的生活。大学与中学最大的区别就在于大学的学习本质上是一种自主的学习,一种主动的学习;最好的大学只是为她的学生提供一种条件、创造一种可能,让每一名学生能够发现自己的潜能,从而去挖掘自己的潜能。因此,在大学里,你们是学习的主人,时间都掌握在自己的手里。同学们,你们年轻,你们拥有大把的时间,这是你们最大的财富。但我在此更要忠告你们,你们有这么多的财富,你们要加倍珍惜它、善待它。很遗憾,现在有很多年轻人尤其是大学生,他们都还不懂得如何去珍惜或善待自己这个最宝贵的财富,因为他们觉得自己的时间太多了,不足珍惜,可以浪费。有的人为了高考,曾远离了电子游戏,到了大学,有了自由,有了时间,沉迷游戏不可自拔。多好的年华啊,就这样付诸如水而不足惜,让人心痛!

同学们,人的核心竞争力,有一半以上来自专业以外的不急之务,譬如大量阅读积累出的大智慧,譬如长期锻炼而来的好身体。所以,如果你有时间,请广泛阅读,读罗素说的"无用的书"——读"无用的书"可以助你做有用的人;如果你有时间,多做运动,让自己拥有一个强健的体魄,千万不要痴迷游戏、沉迷玩乐。忽视时间的人相信运气或境遇,珍惜时间的人相信努力和耐心。同样的时间,有的人可以一事无成,有的人可以建功立业。积极向上是一种活法，消极懈怠也是一种活法，不同的生活方式决定了人生不同的宽度和广度。

三、保持平常心，做真实的自我

大家即将告别高中的纯真年代，迈进大学和社会的大千世界。你会逐渐发现，梦想的生活虽有诸多美好，而现实却会有许多不如人意的地方，难免让人产生浮躁、困惑和焦虑。保持平常心，加强道德修养，培养独立人格，这是我们人生之路走稳、走好的根基所在。我们要明大德、守公德、严私德，注重心智锤炼；我们要有自信，有理性、有韧性，不以物喜，不以己悲，不为虚名小利的得失所困，不为一时一事的成败所拘。不论顺境逆境，不论坦途坎坷，活得朴实，行得扎实，动力不减，不断向前，塑造完美真实的自我。我更希望大家在山重水复时，坚守理想，不动摇、不迷失、不懈怠，坦然面对困难，从容面对挑战，智慧化解矛盾，自信而优雅地步入柳暗花明。

我告诉我们的老师"教育是一门慢的艺术"，人生何尝不是如此。追梦前行的路途并非一帆风顺，面对困难，我们不能急于求成，可能要暂时低头。低头不是认输，而是要看清自己的路。但你一定要知道，世界上有条很长的路叫作梦想，还有堵很高的墙叫作现实。所以面对现实，要沉着冷静，做真实自我，不必一味地头撞南墙。我曾在高三（6）班后面的留言板前看到某同学送给他人的一段话，我借来和你们分享，和大家一起共勉："当你的才华还撑不起你的野心的时候，你就应该静下心来学习；当你的能力还驾驭不了你的目标时，就应该沉下心来历练；梦想，不是浮躁，而是沉淀和积累，只有拼出来的美丽，没有等出来的辉煌，机会永远是留给最渴望的那个人，学会与内心深处的自己对话，问问自己，想要怎样的人生，静心学习，耐心沉淀。"

从今天开始，"二高"就要被称为你们的母校了。亲爱的同学们，相聚的时光总是美好而又短暂，一朝毕业，各自天涯，今天我们只能在这里依依惜别。毕业不是结束，而是另一段美好时光的开始。临行前，再看一眼这里的一草一木，因为有你们青春的足迹；再到老师和同学的身边，来一个拥抱，道几句告白。

同学们，"二高"，我们来过，就是永远。请记得"二高"对你们永远的爱和关注,任时光匆匆流去,"二高"都只在乎你,在乎你是否学业有成,在乎你是否幸福快乐,在乎你是否一切顺利。在你们即将启程之际,请把在"二高"这段求学时光装进行囊,让母校的牵挂陪伴你们走遍海角天涯,"二高"始终会默默地关注你、支持你、期盼你。同学们,出发吧,带着梦想,莫负韶华!

参加毕业典礼筹备会

民族精神 我心几何

——辞旧迎新致辞

大家新年好，祝大家元宵节快乐！

民族精神对于一个国家和一个民族的发展至关重要，民族精神又是每个人成长不可缺少的重要因素。人们都说，龙是中华民族精神的象征。

"龙"的形象蕴含了中华民族的精神。《易经》即以"龙"开篇，将龙放在天的范畴里讲，字里行间透露出的是一种人文精神与价值。

关于龙的精神，人们可以发挥自由想象与创造，列出许多条条款款来，但是我认为龙的寓意主要有以下三个方面：

一、善于变革的精神

变革是一种创新精神的体现。王安石的《龙赋》中写道："龙之为物，能合能散，能潜能见，能弱能强，能微能章。"我们中华民族之所以在千百年来，不断地发展，不断地演进，就是因其有一种适应世界潮流的"创新"的精神。在人类历史的长河中，没有一刻一秒是静止不变的，时时刻刻都在变革中前进。今天，我们正面临着一个科学技术瞬息万变的新时代，变化、创新正是这个时代的主流。学校要发展前行，教师、学生们也要发展。我们在不断探索优化育人模式，我们不断摸索智慧教学，我们不断提升人格教育，老师们、同学们结合自身不断去创造、不断去完善，这正是龙的精髓的一种体现。

二、团结统一的精神

"龙"本是想象中的动物形象。这种形象也是经过千百年来不断演变而形成的，是把各个民族祖先的动物"图腾"结合起来，构成了一个综合体的动物图案。我们是一个多民族的国家，龙的形象，仿佛就是一个民族大家庭。所以求团结、求统一，是中华民族大家庭里每一个成员共同的愿望。和为贵，团结是力量的源泉，我们一个班级、一个年级、一个学校的团结更为可贵，团结给我们带来向上的动力，团结可以让我们克服不可战胜的困难，团结可以帮助我们每个人更好前行。没有人帮助的人注定不会走得太远，不会帮助其他人的人也注定不会走远，限制他人前行的人更是会被自己所羁绊。愿意为他人做"垫脚石"，路才好走，如果都没有人愿做"垫脚石"，所有的人都只能在泥泞的路上滚爬，甚至会遇到不少的绊脚石。只有团结，相互帮助，才能共同前进。

三、奋发图强的精神

龙的形象奇伟，其风貌英姿就足以令人精神振奋。我们所看见的许多龙的图像，都是腾飞奔放的。有时是千顷波涛，龙在击浪弄潮；有时是长空万里，龙在腾云驾雾；也有时是奇峰怪石，龙在翻山越岭。总之，龙是力量的化身、全能的化身。在当今年代，我们也需具有"龙"的那种全方位的发展能力，从而全面地塑造自己，塑造自己的人格、塑造自身的体魄、塑造自我的智慧。

一年之计在于春，春种秋收；春天没有一个辛勤的劳作，秋天就不会有欣喜的收获，所以，在这个虽然微寒但已春意萌动的季节里，我们重新抖擞精神，学习龙的创新、团结、奋斗的精神；为更高的目标，更大的进步，更多的收获做好必要准备，思考应对的方案与措施。在新的一年，我们既要有谋略也要有策略，更要考虑各种困难与培养应对困难的勇气与毅力。

在这个学期，三个年级的同学们都将面临更多的困难、迎来更多严峻的挑战。高一年级，刚刚文理分科，经过一个学期的学习，大家虽然基本适应了高中阶段的学习生活，但仍有很多方面需要我们去适应和调整，我想这个学期大家更要全面地学、理性地想，为将来做好充分的准备。不能因为有困难而放弃，更不能因为无理而放松。如果一遇到困难就放弃，可能一事无成。要敢于面对困难，要学会分析困难，把高一的各科基础打好。不要因自己一时的困难、一时的不足、一时的委屈，丧失自己前进的动力。越是在困难、挫折面前敢于面对、敢于挑战自己的人，今后一定是一个成功的人；高二年级到了准高三阶段，本学期会考科目也是高考的资格考试完成以后，也就预示着高中基本学业已经完成。但我们高中究竟学了什么，学了多少，学了多深？我们的人格是否得到了完善与提升？高二的同学值得反思与认真思考。在高二最后的一个学期你以什么目标、什么样的积累进入高三，将是很人的不同；高三年级，你们将在这个学期迎来高中阶段甚至整个人生阶段最重要的一次挑战。我想你们更要坚定信念，更执着、更投入。对于高三年级的同学们来说：坚持、不断的进取是最关键的。只要坚持并能耐着住寂寞，成功就一定会来到。在这里，全校都会和你们站在一起。不要等待水到渠成，更不要固化自己，要敢于挑战自我，要相信自己可以做得更好。因为不到最后一秒，一切都皆有可能。

青春总是充满挑战，少年更要满怀激情；成长需要相互扶持，成才更要自强不息。如果说坚持是一个动作，同学们、老师们要团结一心，互相帮助；如果说坚持是一种感觉，我坚信那是辛苦奋斗后享受胜利果实的美妙瞬间。

同学们、老师们，我们共同期待在这新的一年，"二高"的校园里将继续充满朝气、充满力量、充满坚持、充满进取。唯如此，我们的理想才能实现；唯如此，我们才能再筑新的辉煌，谱写新的篇章！

（2016年2月22日）

告别的盛宴

同学们,祝贺你们高中三年的生活顺利落幕。从刚踏入校园的青涩到现在的青春飞扬,活力"二高"见证了你们三年之间的成长与蜕变。你们青春的剪影定格在"二高"的时空里,融入"二高"的血液中!感谢你们当初选择"二高",感谢你们陪伴"二高"一起成长,更要感谢一路陪伴你们成长的父母和亲爱的老师、同学们,谢谢你们!

从现在起,你们即将告别母校,开始人生中的精彩冒险。林语堂说:"人生是一场盛宴。"面对即将响起的《离歌》,我要说:"人生是一场告别的盛宴。"在这一刻,我们和上一刻告别;在这一程,我们和上一程告别。从这个意义上说,我们每个人每时每刻都在和过去的、身边的一切告别,每时每刻都在投入新的无限可能中去!

告别还意味着失去的同时又在得到!告别一段友谊,得到新的开始;告别一个港湾,得到新的征程!

面对曾经的拥有,我们唯一要说的是感恩。感恩师长对我们的一路扶持,感恩父母的培养,感恩同学给予的宝贵友谊,感恩老师的一路指引,感恩母校给我们插上飞翔的翅膀,感恩成功带给我们自信;更要感恩失败让自己清醒,感恩孤独让自己成长,感恩伤害让自己坚强!学会感恩的人,内心必然知足安定,感恩是智慧的源泉!

面对纷繁世事,我们应该以批判和反思的姿态告别。没有经过思考的人生不值得过。稻盛和夫说过:"人生不是一场物质的盛宴,而是一次灵魂的修炼。"所以,我们要寻找自己的方向,让思想卓立于世。

我们应该用理性的怀疑和批判精神来反思自我、观照世相,用自己如炬的目光烛照宇宙的黑暗和空洞,用思想搭建沟通过去、现在和未来的桥梁。

我们不仅应该通过批判反思引领自身，更应该通过反思来洞悉这个时代，成为时代的引领者，而不是人云亦云，被时代的潮流裹挟，成为乌合之众的一员。曾任耶鲁大学校长20年之久的理查德·莱文认为，是否具有批判性独立思考的能力是判断一个人是否受过教育的标准。美国小说家华莱士认为：教育的目的不是学会知识，而是习得一种思维方式——在烦琐无聊的生活中，时刻保持清醒的自我意识，不是"我"被杂乱、无意识的生活拖着走，而是生活由"我"掌控。虽然同学们在高中阶段迫于升学压力，在题海中扑腾挣扎，但我相信，"二高"丰富的课程和各种活动让同学们具备了应有的理性和独立思考能力。告别高中生活之后，希望同学们以批判和反思的姿态继续前行。

告别的姿态，是面向过去依依不舍还是阔步向前勇敢开创，我想应该是后者。告别不是离别，告别伴随着人的主观能动性。告别美好，我们在珍藏美好的同时应该继续开创新生活；告别灰暗，我们更应该批判反思、勇敢前行！很多时候，我们的心并没有真正告别，只是物理意义上的离开。正如现在的你，如果你没有迎接新生活的打算和决心，那么，你虽然表面上离开了美好的高中生活，但实质上，你在心理上仍旧依依不舍，并未离开。在现实生活中，我们需要真正告别的对象有很多，如失意的过去、他人的眼光、不良的习惯、过分的贪欲等。有些人念念执于得失，既沉沦于过去的失意，又惶恐于既有的将失；有些人"一颗心在风雨里飘来飘去"，都是为了他人的眼光；有些人沉溺于各种不良习惯，想抽身而退却以各种借口和理由姑息自己；有些人被贪欲牵引，在名利权势中迷失自我，成为欲望的奴隶。究其实质，这样的人都不能告别杂乱的内心。纷繁的尘世只不过是内心的镜像，王阳明有言：此心光明，亦复何言！告别杂乱的内心，要有刮骨疗伤的勇气和坚定的志向，要让光明与此心同在！同学们，告别高中生活之后，希望你们以勇者的姿态阔步向前勇敢开创，保持一颗光明的心，敢于试错，敢于创新，创造一条属于自己的路。

有同学会问：既然人生时时都在告别，为什么还是一场盛宴呢？这是因为，我们在告别时并非孑然一身，告别的行囊会伴随我们奔向天涯海角，而我们未知的前方会充满意想不到的精彩。从这个意义上说，我们的人生是一场告别的盛宴。你有什么样的精彩取决于你背上什么样的行囊，奔向哪一个方向。希望同学们的行囊中装着珍贵的梦想——坚定的志向和信念，无坚不摧的自信，饱满的热情，深沉的智慧，珍贵的亲情、友情、爱情。另外，应该还有

"二高"一直倡导的阳光、进取、平实、包容。当然，这些并不是一开始就装在行囊中，它们是随着你的跋涉，慢慢地加入你的行囊中。人生固然时时都在告别，但是这些行囊中的装备却是我们不能告别的。有一句话这样说：你对了，世界就对了。所以，不管风往哪个方向吹，我们要朝对的方向前进，朝着光明和幸福前进！

　　亲爱的同学们，桃李春风冠集英，明月青山遍天涯！告别的盛宴就在眼前，锦绣的前程正在脚下！你们是"二高"这棵大树上的一粒粒火种，即将奔赴万水千山。希望你们以感恩之心，以批判和反思的姿态，肩负属于自己的行囊，阔步向前勇敢开创！祝福同学们在青春的盛宴中成就自我，获得幸福，报效祖国，造福人类！相信"二高"必将以你为荣！

　　最后，祝福同学们踏遍千山，归来仍是少年！

（2017年6月10日）

阅读课程及"阅读证"实施方案研讨会

第四章

一份执着,助力学海扬帆

《基于"二分天下"理念的高中课堂教学模式改革深化研究》课题申报汇报

各位专家,大家上午好!明确提出培养提升中小学生"品德、身心、学习、创新、国际、审美、信息、生活"八大素养是深圳教育的一大亮点,通过试点项目推进是落实提升学生八大素养的重要举措。我们认为学校培养学生的综合素养,学科课堂教学是主渠道或者说是主阵地。为此,我们的选题为《基于"二分天下"理念的高中课堂教学模式改革深化研究》,通过学科课堂教学的深化改革,旨在培养和提升学生的综合素养。

下面从试点项目的申报基础、整体思路、主要内容、实施举措四个方面向专家陈述,请给予批评指正。

一、申报基础

1. 我校创办于2007年,7年多来,在教学改革上进行不断探索,已经历了三个研究阶段,目前正步入第四个研究阶段。

第一阶段(2007—2009年):教学理念建构与"有效教学"初步探索阶段。

第二阶段(2010—2012年):基于课堂教学"一二三四五"的"高效教学"研究。

课堂"高效教学"的"一二三四五"研究成果,即:

一个立足点:立足中上,推拉两头,面向全体;

二个量:思维活动量和信息获取量;

三个动:手动、口动、脑动;

四个意识:关注学生状态的意识,关注生活的意识,关注整体设计的意识，相信学生能力的意识（课堂评价四要素：少灌输多互动，快节奏大容量，立规范究细节，精设计重生成）；

五个环节：预习问题化，设问主线化，互动常态化，反馈生成化，作业弹性化的优化。

第三阶段（2012—2014年）：基于小课题研究的"二分天下"课堂教学初步探索在建校第一个五年课堂教学研究的基础上，为进一步深化课堂教学改革，学校提出"二分天下"的课堂教学思想，即在一个教学单元中学生和教师的所用时间各占一半，教师的导学和学生的自主探究平分秋色，把学习的主动权切实还给学生。围绕"二分天下"理念，全校达成以下五个共识：

一是"没有理念，课堂教学改革难以走远"。

二是"多样教学手段的灵活运用，有利于课堂结构的改变"。

三是"课堂二元结构，有利于探寻学生最近发展区"。

四是"落实三段式诊断，课堂教学方能接地气"。"三段式诊断"即注重课前诊断、注重课中诊断、注重课后诊断。

五是"培养学生问题意识是发展思维品质的重要手段"。

为了将"二分天下"理念落实到具体教学实践，我校开展了第一届校本小课题活动，各学科教师积极申报了系列学科课改小课题，并已初步探索出各学科相应的课堂教学模式：

语文教学五指南：重学情、放权利、激兴趣、留空白、不完满。

数学：10=4+6。

英语：四维课程、任务导学、主动提问、合作研究。

化学：分组合作、实验探究、课堂三动、螺旋上升。

生物：$\frac{1}{2}$（教师引导）+$\frac{1}{2}$（自主学习）>1（高效课堂）。

政治：问题导学、小组协作、自我总结、社会实践。

历史：两建、三移、五环节。

地理：情境、活动、参与、训练、生成（五度）教师二分之一、学生二分之一。

艺术：优化教学环节、触动内心世界、设计激发潜能、趣味知识并重。

信息：让学生成为驾驭信息的主人。

健康：体验五"重"，即重感受、重引导、重真话、重氛围、重升华。

2.课改中形成以课题为支撑的教研网络——《尊重型办学理念指导下的活力课堂构建研究》等4个国家级课题，《寄宿制高级中学学生自主管理体系的构建》等3个省级课题，《深圳市中小学素质教育德育工作特色学校》等5个市级课题，25个校级课题，接近100%的教师参加了教育科研。

二、整体思路

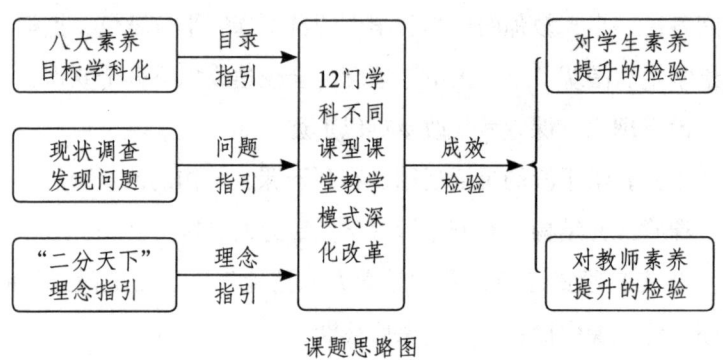

课题思路图

三、主要内容

研究内容1：高中生八大素养学科化研究

探索适合12门学科各自重点培养与提升的综合素养分别是什么。

进展：12门科目科组，目前已初步细化出各自学科八大素养目标，正结合教学实际修改中。

如品德素养关键词：社会责任感、爱国情感、诚信友善、节约习惯、环保意识、深圳精神等。

语文选取学科素养目标：培养民族自豪感、社会责任感、诚信友善、深圳精神。

物理选取学科素养目标：环保意识、社会责任感、实事求是的科学态度以及合作精神、勇于探究的意识。

研究内容2：高中生各学科八大素养现状调查研究

探索当前高中生在学科八大素养方面处于怎样的水平以及存在怎样的问题。

进展：已在高一和高二年级进行了品德素养中有关品德和身心素养的调查，并分科组设立子课题组，邀请专家进行培训，正设计调查问卷中。

样题：

深圳第二高级中学八大素养调查问卷（A卷）

亲爱的同学：

你好！为了帮助大家更全面地发展，也为了帮助教师更好地改进教学，我们开展此次关于各方面素养的问卷调查，请你根据自己的实际情况如实进行填写，以帮助教师及时发现问题并做出调整和改进。此问卷为匿名，请放心填写。谢谢你的支持！

1. 性别（   ）

   A. 男   B. 女

2. 年级（   ）

   A. 高一   B. 高二   C. 高三

3. 你是否关心社会时事？（   ）

   A. 很关心   B. 比较关心   C. 一般

   D. 不太关心   E. 很不关心

4. 当你乘公交车或地铁出行时，你会给老弱病残让座吗？（   ）

   A. 每次都会   B. 经常会   C. 有时会

   D. 很少   E. 不会

5. 你是否有随地扔垃圾的行为？（   ）

   A. 经常   B. 有时

   C. 很少   D. 从来没有

6. 你参加过社会公益活动吗？（   ）

   A. 经常   B. 有时

   C. 很少   D. 从来没有

……

研究内容3："二分天下"教学理念深化重构及与八大素养提升的关系探讨

"二分天下"教学理念：八大素养提升，站在已有研究基础上，探索指导深化教学改革的方向。

进展：已对"二分天下"教学理念进行初步重构与深化，并就该教学理念与提升学生八大素养的关系，已形成初步认识。

"二分天下"教学理念初步重构：

第一，目标方面：情感体验和思维发展同等重要。

第二，时间方面：①课下反刍和课上探新同等重要；②课上留白与讲授同等重要。原则上，在一个单元的教学中，教师的讲课时间不超过二分之一的比重，学生的自主探究时间不少于二分之一的比重。③课下时，温故与知新同等重要。

第三，角色方面：教师引导和学生参与同等重要。

第四，内容方面：应用实践和理论学习同等重要。

第五，对象方面：后进生和优秀生同等重要。

第六，形式方面：独立思考和合作学习同等重要。

第七，评价方面：成绩和素养同等重要。

第八，指导方面：学习习惯和学习方法同等重要。

研究内容4：基于"二分天下"理念的高中12门学科不同课型对应课堂教学模式改革深化研究

12门科目分别对原有课堂教学模式进行反思和改进，进一步细化到12门学科各自常见课型对应的课堂教学模式。

进展：各科组已成立子课题组，于开学初进行了第一轮培训，计划开展系列课例研究。

例如，语文学科提出"语文教学超市模式"。

现代文阅读课型：学生小组竞争现代文阅读课的"开店权"（即上课权）—获胜小组"开店营销"—"顾客询价"（学生小组出题说题）—"商品"升级等教学流程。

复习课型："分货"（小组分知识点准备）—"包装"（各小组选择话剧、小品等不同形式）—"推销"（各小组轮流登台，带领大家复习相应的知识模块）—"议价"（师生共同对各小组的复习环节进行回应并评价）—"盈利"（共同反思进步）。

各科组课堂教学模式深化改革指导模板——

（1）高中政治新授课教学模式

①常规教学模式：六环教学模式。

②新授课非常规模式1：百家讲坛式教学模式。

③新授课非常规模式2：翻转课堂教学模式。

（2）高中政治复习课教学模式

①常规教学模式："五步走"教学模式。

②非常规教学模式：知识竞赛教学模式。

（3）高中政治讲评课教学模式

①常规教学模式：六阶教学模式。

②非常规教学模式：高三小讲师教学模式。

研究内容5：基于"二分天下"理念的学科教学模式深化改革对学生八大素养的影响研究

拟采用课堂观察法、问卷调查法、访谈调查法、教育实验法、测试法等方式，较全面地检验学科教学模式深化改革对学生八大素养的影响。

进展：各科组成立子课题组，开学初已进行第一轮培训，计划开展相关方面研究。

研究内容6：基于"二分天下"理念的学科教学模式深化改革对教师素养的影响研究

拟通过观察法、问卷调查、访谈调查等方式，探究此轮教学模式深化改革对各学科教师教学观念、教学技能及教学效果带来的影响。

进展：处于设计阶段，暂未开展。

四、实施举措

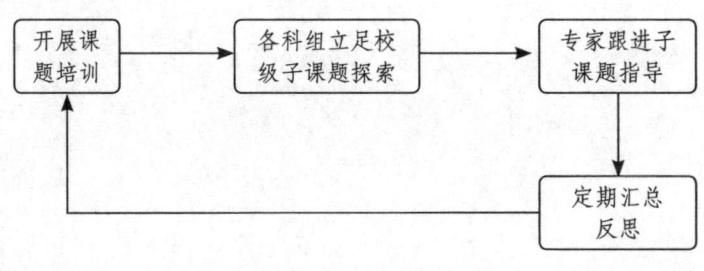

实施举措线路图

四个子课题：

学科子课题选题1：《高中生八大素养××学科化目标研制及课堂培养策略探讨》

学科子课题选题2：《高中生××学科××素养现状调查研究》

学科子课题选题3:《××学科××课型(或内容)课堂教学模式改革深化研究》

学科子课题选题4:《××学科××课堂教学策略研究》

谢谢您的聆听,望专家提出批评指正。

(2015年10月21日)

创客中心接待合作学样来访

高考意味着什么

——在2016届高考"百日誓师"大会上的讲话

今天是高考前的百日,对于一般人来说是一个再普通不过的日子,但今日对我们来说,是一个令人激动,让人雄心勃勃的日子!是一个激人奋起、催人奋发的日子!百日之行,始于今日;百日奋斗,今日出发!今日意义深远,今日庄严神圣!

今天,高三全体学生在这里经受"百日誓师"和人生的洗礼!这意味着你们正在走向成熟,走向更高的殿堂!你们正在迈出人生最关键的一步!你们要用百日的奋斗,谱写青春最华美的乐章!

那么,在这样一个特殊的日子里,树立信心,迎难而上;稳定心态,调整情绪;科学备考,合理安排;知己知彼,扬长补短;从容不迫,扎扎实实。这是非常关键的。再搏百日,让汗水哺育不凡;再搏百日,用智慧丰富内涵;再搏百日,凭激情创造灿烂;再搏百日,靠实力鳌头独占。同时,我们有必要去思考这样两个问题:高考意味着什么?转折意味着什么?

高考意味着时机。机不可失,时不再来。时机前的努力最有价值。高考是人生转折的关键时刻,关键时刻一定要不遗余力,一定要抓住有利时机,利用有利的条件充实自己。

高考意味着考验斗志。斗志就是战斗的意志,你有经得起考验的顽强意志力吗?

高考意味着挖掘潜能。它让人的潜能发挥到极致。而每个人的潜能是无限的,只要你去挖掘,就会有无限的空间。

高考意味着拼搏。高考的美好在于拼搏,拼搏意味着无限的可能。成功和失败往往只差一步之遥，而拼搏常常会赢得成功。

高考意味着追求更好的发展。为了将来更好地发展，去追求更高的平台，拥有更广阔的视界。

高考意味着自己承担大事。高考是自己的大事，自己给力最重要。关键是你自己给不给力，给多少力，还是给足了力。

高考意味着实力较量。高考是展示实力，是实力竞争，而实力来自不懈的努力，来自源源不断的积累和练习，来自你内心对自己的信心和信任⋯⋯

高考意味着什么？它意味着人生的许许多多。

高考虽然不是人生唯一的出路，但它是人生重要的选择。没有高考的成功，人生也会辉煌；高考胜利了，也未必人生一路坦途。但如果没有经历高考，一定是人生的缺憾；如果经历了高考，但在高考的过程中没有努力，那可能也是人生的遗憾；如果经历了，努力了，但没有使出全部的力量，最后只差一分的时候，那可能也会成为你的终身憾事。所以，我们在这个过程中要不断地享受与选择勤勉与奋斗、希望与收获、纪律与约束、理智与自由、痛苦与艰难、练达与成熟、拼搏与超越、成功与辉煌。这是这段时间要选择的，也是人生每个阶段都要选择的。学会选择是成熟的一个重要的标志，选择了这些就是选择了希望，就是选择了走向成熟和成功的路。"黄沙百战穿金甲，不破楼兰终不还"，这应该成为我们坚定的信念！

同样经历高考，人生更加丰富——在努力与倦怠中寻找方向，在痛苦与欢乐中感受过程，在拼搏与挫折中笑看人生，在孤独与团结中增加力量，在绝望与胜利中体验起起落落。人生关键的转折意味着思想和人格逐渐走向成熟；意味着举止和心态趋于稳健和从容；意味着要学会独立：独立思考，独立提出问题、分析问题和解决问题；意味着要学会独立选择和独立承担责任；意味着要承担更多的义务和责任；意味着坚强和不屈；意味着懂得奋斗；意味着树立更高的理想并为之付出辛勤的汗水。

高考是转折的契机，高考能让人长大，是跨进社会最好的起点。经历了高考，也是经历了人生重大的洗礼和磨砺。高考是对人的考验，是对青春的考量，它让青春在走入社会的时候绽放美丽，它赋予青春不平凡的意义。

这也是我们在紧张的时候召开高考"百日誓师"大会的理由所在。

在今天这样一个特殊的日子里，我们也有必要去重温古人的教诲："行百里者半九十。"意思是说：行走百里，走了九十里，只算走了一半。可见最后的十里至关重要。百日就是最后的十里。最后的努力至关重要，一切都没有定局，一切皆有可能，百日意味着竭尽全力！珍惜百日，珍惜每一天，珍惜每一次锻炼，每一个早读，每一节课，每一个间操，每一次午休，每一个晚自习，每一次作业，每一次考试，每时每刻调整状态，让最佳竞技状态呈现。让百日成为百战，让百战成为百胜，让高考成为人生的一次全胜！"海到无边天作岸，山登绝顶我为峰"，这应该成为我们终极的目标。

亲爱的同学们，在你们向前冲的时候，有你们朝夕相处的老师在帮助你们，有学校、家长和亲人在热切地关注和祝福你们！百日大船从这里起航，他们在为你们保驾护航！你们到了为自己加油的时候了，从今日起就要不断挖掘可以提升的源泉，使出浑身解数为自己的前途加油！为父母的养育之恩加油，为老师们的殷切教导加油，为"二高"的荣誉加油，为祖国的未来加油！相信经过努力、奋斗和磨砺后，人生的彩虹就在你们的眼前，到那时"春风得意马蹄疾，一夜看尽长安花"。

（2016年2月28日）

和高考正面"刚"一次

——在2017届高考"百日誓师"大会上的讲话

金鸡报晓唤百日,鲲鹏展翅从兹始!转眼,高考百天,今天我们隆重集会,举行2017届高考"百日誓师"大会。在此,我谨代表学校向辛勤耕耘的高三老师们表示诚挚的感谢,向全力奋战的高三学生致以美好的祝愿。老师们、同学们,你们辛苦了!

刚刚发言的洪钧桀同学说得很好:百天很短,短到弹指一瞬;百天也很长,长到足够改变命运。那么,一百天能成就什么?

一、百天,能成就你内心坚韧,修为自我

古人成年之前称为"弱",行冠(guàn)礼后的20岁小伙子称为"弱冠",这是小小儒生的成人礼。今天,很多人对高考颇有微词。但从另一个角度来讲,高考就是那顶"冠",是大家真正的成人礼。大家在真正成年以前需要一场"苦你心志、劳你筋骨"的考验。通过这场考验,你才能由"弱"变"强"。

于是,面对困难,要有"明知山有虎,偏向虎山行"的胆气;面对诱惑,要有"一将功成万骨枯"的决绝;面对成绩波动,要有"吾将上下求索"的坚持;面对不尽如人意的分数,还要有"寄意寒星荃不察,我以我血荐轩辕"的气魄。这些品格,用一个词概括就是"修为"。高考,就是对每个人修为的再次塑造,这是高考为大家准备的最珍贵、持久的馈赠。每个人一生都会面对困难、诱惑、质疑以及种种虚无感、无力感,那时想想自己的高考,想想这最后的一百天,正如"铁扇在手,没有过不去的火焰山"。

二、百天，成就你效率优先，坚韧自我

山东的一所学校，实行一个奇怪的制度，叫"禁走令"——禁止师生在校内行走。早上7点到下午5点，上至年近花甲的校长、下至青春无敌的学生都不能慢走，都得一路小跑。这个制度听起来有点匪夷所思，但是当你了解到3年内这所学校的高考一本率从20%变成60%的时候，你就明白这个制度代表的真正含义。这个学校的学生在大年三十晚上，还自愿在自习室里学习。看着窗外漫天的飞雪，听着节日里震耳的鞭炮，吃着冰凉的饺子，如果是你，你能坚持吗？

当你认为自己已经没有时间时，想想是不是每一节课都认真度过？当你抱怨没时间写作业时，要想想晚自习前，是否认真对待了？同样是24个小时，为什么会有不同？老师们告诉我，去年"二高"高考第一名的学生是这样度过最后一百天的——他每天都拿个本子记录时间：除正常上课、作业时间外，挤出来的学习时间用"+"号计算，浪费的时间用"-"号表示。一周后，他每天都会多出一个小时，每天多一个小时，一百天就是一百个小时，相当于比别人多出近十天的复习时间。

三、这一百天，成就你破釜百天，拼个自我

这几年，高三年级都在做一个数据："深一模"成绩与高考成绩的对比。这个数据会发给大家看，你会看到"深一模"没上线但高考上线的同学每年都有五六十个。这些同学有一个共同特点：非常用功努力。高考考场上流传着一句话："学渣各有各的渣法，学霸却有一些相似的霸气。"比如，2016届理科状元唐海峰，每天准备一张纸，把每堂课的疑问记录下来，尤其是理综；2016届陈本初同学，在高二时连复杂单词都写不全，在最后一百天使用百词斩记单词，在去食堂的路上、在回家的地铁里，都能看到他记单词的身影，高考英语133分。我很珍惜这些搏击题海的同学，因为他们拼力做更好的自己。

当然，"更好的自己"还有其他含义，哲学上认为要试炼一个人，就要把这个人扔到"极端境况"中。高考就是这样的境况。在这个境况中，你独自上场，遇到任何困难都只能咬碎钢牙；在这个境况中，你有大家的支持：父母为你操心，老师给你鼓励，学校给你需要的一切；在这个境况中，你不需要为

了生计奔波,没有任何后顾之忧,唯一需要做的就是努力再努力。人这辈子有几回能豁出一切、付出所有为一件事情而拼搏?高考就是这样一件很酷、很痛快的事情。现在听到上下课铃声,还时常想起离我远去三十多年的高考,每当这时,胸中还有铮铮的金属碰撞声。在这个铁和血的时节,在冰与火合奏的歌声中,我希望大家变成更好的自己,豁出自己的一切和高考正面"刚"一次。

在花样年华里,为了你所爱的以及爱你的人,请给自己一个坚定、坚强、坚韧的理由;在高中这条路的尽头,请给自己一个十年后回忆起这段往事时让自己骄傲的答案。高考如战场,2017届高三,寸土必争,绝不退让!

加拿大伦敦市公立教育局领导莅临"二高"访问

共奏华章

——在2018届高考"百日誓师"大会上的讲话

人生，是一场漫长而卓绝的登山运动。在座的每一名同学都已经披荆斩棘、翻山越岭，不断地征服挡在自己面前一座又一座的山峰。今天，我们到了攀登又一座高峰的关键时刻；现在，我们可以思考用什么样的身姿登上属于自己面前的那座最高峰。在这个厉兵秣马的时候，作为一位校长，我想给大家三个建议，为每一名同学的最后一百天保驾护航，提供参考。

一、建议包含两个关键词，它们叫作"积累"和"优化"

长期以来，同学们都在"积累"这个词语上辛勤付出、夜以继日，积累知识、积累方法、积累经验。积累是一条无止境的路，在这条路上，如果想要看到更多风景，那就需要"优化"的帮助，"优化"知识结构、对应策略、战略布局。

"积累"和"优化"这两个词语，我们可以用语文和数学两个学科稍做阐释。

"聚沙成塔"是同学们都很熟悉的一个成语。如果用数学的眼光来解读这个成语，可以设计这样的情境：

如果一个人每天聚沙1千克，这看似很少，但是如果长年累月、无休无止，并传至子孙，"子子孙孙无穷匮也"，最后当然可以聚成塔。这是一种"愚公移山"式的积累，也是我们多数同学学习中进行的积累。如果我们稍微变换一下条件，其结果将会出现巨大的差异。

比如，一个人第1天聚沙1千克，这看似很多，但是如果第2天聚沙0.5千克,第3天聚沙0.25千克,第4天聚沙0.125千克……即每天聚沙都是前一天的一半。即使长年累月、无休无止,并传至子孙,"子子孙孙无穷匮也",那么,最后仍然不能聚成高塔。为什么呢?同学们通过简单的数学计算都可以明白,其结果只会处于1至2之间。它可以无限接近于2,但不可能超过2。所以,这种"聚沙"的方法是不可能成高塔的。也许,有同学使用的就是这种虎头蛇尾式的积累,尽管每天也在忙碌,却没有得到很好的效果。

以上两种方案相比,显然第一种更好。当然,如果同学们的积累不是始终不变的1,而是每天比前一天多0.1,那么,100天之后的结果肯定会令人叹为观止,努力了就会有收获。1.01的一百次方是2.7,0.99的一百次方是0.37,一百天后,每天多0.1,就可能取得比每天少0.1的7倍多的功效。这实在是可观,不算不知道,一算吓一跳。所以说,只要努力,就可能出现奇迹。

二、建议中也有两个关键词,它们是"有效"和"有益"

苹果公司首席执行官蒂姆·库克在被问及"最困难的决策"时,他回答,最难的是"决定不做什么"。他的困难在于自己的决策不是从好的想法中选择最好的、去掉次好的,而是所有想法都是最好的,却只能选出一种,果断放弃其他的。高考临近,同学们会面对各种艰难的选择。复习中,学科之间轻重的匹配,考试中题目之间时间的分配,日常里学习、休息、锻炼之间的平衡等,这些问题都可能变得日益突出。我希望看到的是,每一名同学都清楚地知道自己的长项和短板,清楚地知道自己需要发扬什么、回避什么,清楚地知道自己的所需、所求,清楚地奔向自己的目的地。

曾经,我们有一名同学,他的成绩为中下,入学以来英语总是不能考到及格分。最后的一百天,他对英语学科"狂轰滥炸",最后顺利考进深圳大学;曾经,我们有一名同学,最后的一百天,家庭突发变故,以至于难以投入学习。在老师和家长的帮助下,她花了近一个月的时间努力地调整情绪,最后她超过了重点线;曾经,我们也有一名同学,在考场中因为紧张,三次寻求医生的救助,多次出现终止考试的念头,但在大家的帮助下,在自己的坚持下,最后他完成了所有科目的考试。他们都选择了有效的、正确的方法,他们也都获得了有益的结果。坚持就有希望!

冲刺高考的最后一百天,我们每个人怀中都抱着一盒100颗而每一颗味道都不同的巧克力,你永远不知道明天吃到的那一颗是什么味道。也正是如此,它才具有无穷的魅力，吸引我们不断地去尝试，在尝试的过程中克服不同的困难，扫除障碍、一往无前！

三、建议还包括两个关键词，它们是"前进"和"超越"

我们每个人都行走在自己的人生之路上，但是前进并不是一件容易的事情。面对高考，我们的付出不是一年，也不是三年，可以说是十二年。根据一万小时法则，时至今日我们的每一名同学都应该是优秀的考试专家。更何况，在这十二年中，除了自己的付出，还有班主任的呕心沥血、科任教师的投入、家长的默默守候以及亲朋好友的关注。同学们，高考从来都不是你一个人在战斗。在你的周围，永远有着最忠实的亲友团在为你呐喊助威。他们不是你的压力，他们是你前进的动力和温暖的港湾。

我们常说，"山登绝顶我为峰"，这是对自然的超越。"一览众山小"当然是一种对生命高峰的体验。在剩下的一百天里，同学们需要做的是对自己的超越。一方面，为自己的恒心、信心、坚韧、毅力打造新的峰值；另一方面，为自己的同伴创造舒适、和谐、友爱、温馨的氛围。因为，在登顶的最后一百米冲刺中，有人可能跌倒，有人可能掉队，也有人会灰心。当有人跌倒的时候，你去扶他一把；当有人掉队的时候，我来拉他一把；当有人灰心的时候，我们为他点燃希望之火。

我希望，每一名同学心怀勇气，去挑战未来的每一天。无论女生还是男生。

我希望，每一名同学都保持昂扬的斗志，笑迎高考。无论文科还是理科。

我希望，每一名同学都拥有宽阔的胸怀，能够平静地面对困难。无论今天还是明天。

我希望，每一名同学都锻造不屈的意志，坦然地走过未来的路。无论校园还是社会。

夕阳尽处是青山，风景更在青山外。同学们，人生之路翻山越岭，纵目远眺，满眼风景。今天，我真诚地渴盼每一名同学能够度过精彩的百日；明朝，我将静静地注视着每一名同学走进考场；未来的每一天，我都会为同学们默默地送上祝福。

让我们携手，为2018届的辉煌、为未来的辉煌继续战斗！

（2018年2月26日）

认清自己，找好自己的定位

卡耐基说过这样一句话，"内心强大才是真正的强大。我们可以不成功。但不能不成长。你的使命是努力成为最好的自己。"

亚瑟·吉始博士曾说，"无论是过去、现在还是将来，没有两个人的人生境遇是相同的，每个人各有与众不同的人生境遇。"如果我们想要走向成熟，最基本的条件就是认清自己。

今天为什么要谈这个话题，因为到了我们这个年龄，很多人没有充分认识自己，觉得如果当初要是那样，今天就不一样了。总有一种后悔的感觉。我刚到"二高"时，就在网上看了"二高"一个刚上大学的校友的一篇短文，很受触动。她说我们"二高"的有些同学对自己认识不清，她用自己的视角分析了"二高"学生的特点，很有见解。

我也接触了一些同学，有的来到"二高"很兴奋，有的很平和，有的很沮丧，有的很不服气，有的很勤奋，有的很懈怠。虽然是外在的表象，实际上是心理的反应。这样的心理在任何群体中都会存在，所以在任何群体（不管这个群体是用什么标准划分的）中的人总是有差别的。因为心理状态就是对自己某些问题的认知与认定。往往这个认知或是认定，就左右了他的各种行动，也就左右了他的三年高中学习生活，也可能左右了他的一生与未来的发展方向。我们可以现在冷静地思考一下，高一、高二乃至高三的同学清楚自己吗？知道自己的长处是什么吗？知道自己有哪些不足吗？内心深处是否清楚自己应该做什么？并且为此而付出努力与艰辛了吗？

人的一生到底能认清自己多少？每个人都不尽相同，了解自己多一些，可能把握自己的目标与方向就好一些，成功的概率就会增大；如果了解自己内心少一些，可能在人生的路上遇到的困难与挫折就多一些。遇到困难多了，可能会出现进一步的连锁反应，像心态失衡，什么也看不惯，什么都埋怨，怨天尤人等，最后效果可能越来越差。实际上很多问题，都是对自己认识不够，自己的能力、自己的想法、自己的目标、自己为了想法与目标所能付出的代价和忍受的困难与痛苦能有多少。如果清楚了这些，对自己就有了基本的定位。

真正的强者在于内心的强大。一个内心强大的人，才能真正做到无所畏惧；也只有内心强大，我们在生活中才会处之泰然、宠辱不惊，不论外界有多少诱惑、多少挫折，都能心无旁骛，依然固守着内心的那份坚定。

内心不强大，怎么忍得住失落，耐得住寂寞？怎么能在校园内承受痛苦并执着完成学业，怎么能为了今后成长要付出努力？

别让浮躁的心态毁了对定位的把握，必须懂得在选择中有所放弃的道理等。什么应该放弃？什么应该牢牢地把握？这些就是你对自己的定位。如果能够把该放弃的放弃，就会有不断的惊喜；如果把该做的事做好，每天进步一点点，那一年后、两年后、三年后、十年后，你就会见到一个不一样的自己。虽然看起来很简单，但有的人就很难坚持自己的定位，每天都原谅自己，每天都少做一点，这样就离自己的目标越来越远。

所以、同样是孜孜不倦地为学习、为工作、为生活奔忙，但不同的心态、不同的人生定位，人的发展是完全不一样的。有的人谈笑之间面对一切；有的人则始终在埋怨、痛苦中生活。实际上，每个人所遇到的基本相同，不过时间的早晚和顺序的前后有所区别。但不同心态的人，其生活的态度和所收获的成就感是大相径庭的。这主要原因就在于是否能为自己准确地定位，并为自己的定位而不断努力。

人生的诸多方面都需从定位起步，定位准确了，生存之路就少了许多滞碍。

定位仅仅是自我管理的起点。在有了正确定位后，还要按照定位所既定的道路走下去；对于没有行动力、不能约束自己的人来说，多么准确的定位都将于事无补。

生活中，我们常常会被环境所支配，也会被他人的评价所影响。这些使我们觉得生活得很辛苦，对未来也愈发地感到迷茫。我们在不断追求物质享受的同时，忘记了精神上的供给。

一个人要想不活得稀里糊涂，就要先学会给自己定好位——能做什么、想做什么、怎样去做以及成为一个什么样的人。人不能总是走到哪儿算哪儿，懂得定位,就可以学会以理性的态度追求更好的生存状态,这样,才不至于被眼前一些有诱惑力却没有什么意义的琐事所左右,才能把命运的主动权掌握在自己手中。

面对各种各样的诱惑,要做到在选择中有所放弃。所谓定位,说到底,其实就是一个选择与放弃的问题。学会选择需要敏锐的眼光和清晰的认识,学会放弃则需要彻悟的智慧和割舍的勇气。善于选择、勇于放弃,就能清除干扰,为自己的定位找到准确的方向。

要做到高点定位与低点起步相结合。但是不要走向极端,以致好高骛远;要在充分了解自身、了解现实的基础上,做到低点起步,每走一步都是坚实的。

不要走向自我定位的误区。有的人给自己定位时,常以很难达到的目标作为标准,为此疲于奔命、难以完成,最终导致在过程中丧失信心。我们第一步的定位就是你高一的目标、高二的目标、高三的目标。每一个目标都决定你下一个目标的高度。王健林说:"先定一个小目标,比如我先挣他一个亿。"可见,他是在一个什么样的基础上说这样的小目标,很多人不要说这是一个小目标,就是想都不敢想的。所以,你前一个实现的目标对你下一个目标的定位有着重要的作用。所以,"二高"的学子应该认清自己,相信自己,勇于挑战自己,用自己坚实的脚步、坚定的目标、艰苦的努力、坚忍不拔的决心去完成对自己的塑造、蜕变与超越。成为其他同龄人、同届人的骄傲。我相信在深圳最美的校园里,有最敬业的老师、有高素养的学生,在老师的帮助下,我们"二高"的学子一定会超越自己,实现"17奇迹、18腾飞、19辉煌"!

2019年校园开放日合影

浩然高考　潮阔百天

——在2019届高考"百日誓师"大会上的讲话

老师们、同学们，大家下午好！

"深一模"的历练刚刚结束，老师们阅卷刚刚归来。千帆潮阔，风好扬帆。今天，我们在这个春暖花开的季节"百日誓师"，首先让我们向为2019届高三学子付出辛勤汗水的老师们表达崇高的敬意，同时也向努力进取、不畏困难、永不言败的各位同学表达诚挚的敬意！特别是看到你们通过努力取得的进步，我由衷地感到高兴。谢谢老师们和同学们！

今天离高考只有百日之遥，百日对我们每个人的一生来说，大致只是二百九十分之一，在人生的长河中显得微不足道。但是在高中三年的时间里，百日又是近十分之一，十分之一则不可谓不重要。而对于高三来说，百日已经接近三分之一，三分之一已是举足轻重。

所以，今天我想对同学们说几句话。

一、百日是共生

从今天起，倒计时首次成为两位数。在这百日里，我们要为自己生命中这段特殊的经历，开足马力，背水一战。无论结果如何，高考的磨砺都是我们一生中非常珍贵的财富。它能让我们清楚付出与收获的关系，它能让我们懂得坚持与奋进的意义，它能让我们明晓时间的真正价值，它能让我们体会亲情、友情的温暖，它能让我们记住克服困难的艰辛，它能让我们知道点滴积累的力量。它坦坦荡荡地给我们提供了一段多姿多彩的人生，让我们体悟什么是人生

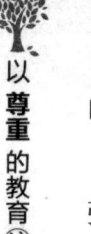

的真谛。

这段日子的努力和拼搏，本身就是我们最大的收获。大家用自己的行动强烈地表达着自己的进取愿景，让我们老师感受到"师生与共"，也让我们发现了原来每一个人身上都藏着另一个能量无限的"我"。在这里，我想提醒大家的是，最后的冲刺不是一个人的"一骑绝尘"，而是千军万马的"齐头并进"。

二、百日是凝聚

无论是课堂上的往复训练，还是高强度的考试；无论是在课堂上对知识的渴求，还是在课外的碰撞与思考，都将强化我们对这一百天的认知，强化我们信念凝聚的核心——坚持。有人说，"坚持"这个词很艰难，但是在我看来，正因艰难，才显珍贵；正是坚持，才有收获。2007年的"二高"是一所初创的学校，它籍籍无名，但是历经十二年的执着，见证了每一届的高考工作最高奖项"卓越奖"，今天我们可以自信地从卓越做起，从卓越走向更大的辉煌，这就是坚持的价值。坚持不在"大"，不在"巧"，而在于"久"，长久的积淀才是优秀的前提。我期待2019届高三的每一名同学都能以毅力、意志、韧性坚持走到最后，以更出色的成绩点点相连，托起"二高"上扬的弧线，所以这一百天，更是"绵绵用力，久久为功"的一百天。

三、百日是爆发

这个寒假，一部《流浪地球》引起全民热议。它让我想起20年前的1999年高考，相信在座的很多老师也经历过，当年全国卷的作文题叫《假如记忆可以移植》，这是高考题首次引入科幻题材，当年作文满分的学生被清华大学录取。而有一个少年，写了一个反转的故事，以2分之差与满分作文失之交臂，这个少年就是《流浪地球》的导演——郭帆。从当年存留纸面的科幻情结到今天的大屏幕，赢得了世人对中国科幻未来的期待，蓄积20年，爆发在无量时空。我们的征途是星辰大海，看得见所有的文明和自由。如果你拿出古人"皓首穷经"的劲头跨百日，释放在高考，你会认为一切都值得，因为这是奋斗致敬青春，这是全力爆发后人生格局的刷新，是用自己的力量改写人生的方向，更是因此让自己迈向人生最高处的豁然。

四、百日是升华

在教育岗位30多年，我目睹了很多届高三学生的状态：澎湃、消沉、孤军奋战、团队协作等。虽然形式百变，但我认为高三的百日，就应该是"功崇惟志，业广惟勤"的升华，"固本开新"只有天道酬勤。就像今年是深圳建市40年，作为央视春晚的分会场，不只是因为改革开放40年，深圳经济变得日益强大，更是40年的奋战，就像深圳市委门口的拓荒牛，那是用勤勉垒起来的强大。当年披头士的主唱列侬被问道："为什么一个英国乐队非要去美国发展？"他的回答是："古罗马时期，当时的哲学家和诗人都要去罗马，因为那里是世界的中心，我们今天来纽约，因为这里也是世界的中心。"同学们，你要想让别人刮目相看，你必须要让自己强大起来，让自己成为强者，让中国成为世界的中心。最后百日里，希望大家通过勤奋专注，跟志同道合的人为伴，用成绩为未来拓展空间。只有这样，你的人生才会有灵魂深处的引领，才能得到升华，而这一切，都始于这一百天。也许有的同学说，时间太短。但很多时候，事情就是：道虽迩，不行不至；事虽小，不为不成。就让这座高考的里程碑里多一分担当，希望在壮士扼腕的一百天里，大家弯腰实干，让未来圆满。

近一年来，我们的努力是漫天繁星，这一百天，我们要把漫天繁星凝合成火炬，照亮前行之路。同学们，从今天开始，一百天，开启的是一个新的棋局：玲珑初开，百子待落。一百天时间虽然很短，但这一百天我们会收获很多：目标可以更精确，效果可以更明显，成绩可以再上一个台阶。同时这一百天，大家也不是孤军奋战，学校会一如既往、全力以赴给予大家最大的保障和精神支持，我们的老师会葆有初心、精诚皆至地进行引领和陪伴，我们的父母依然做我们坚强的后盾——同行并守候。高三凝聚了人生最宝贵的时光和精力，而百日又最能浓缩高三最大的艰辛和精彩，而我们自己，每一名同学要做的就是忘情投入、汇集所有，在这一百天里形成无可阻挡的力量——破茧成蝶，披荆向前。当我们有朝一日回望高三的时候，它曾经浸润的顽强，起伏着努力的悲欣，从未停止，一直前行。这百日之光，它裹挟一切，以最骄傲的结果回馈我们的努力：浩然高考，潮阔百天。

（2019年2月27日）

在2019届"百日誓师"大会上讲话

择一经典　相伴终生

——在"青少年阅读基地"揭牌仪式活动上的讲话

首先,请允许我代表深圳市第二高级中学祝贺"深圳市图书馆青少年阅读基地"揭牌成立,祝贺"南书房经典阅读"活动胜利启动!

今天,我们欢聚在深圳市艺术教育基地,庆祝"深圳市图书馆青少年阅读基地"的成立;今天,深圳市第二高级中学成为迎接各位贵宾的东道主,作为校长,我热情地欢迎大家来到这座文墨飘香的学校,我衷心地感谢深圳市图书馆为我们搭建了如此高端的阅读平台。

春光遍洒大地日,正是少年读书时。"阅读"已经成为最为亮丽的时代关键词。每一部经典都有一段非凡的经历,每一个经典都伴随着我们,与我们共同成长。所以,我们倡导阅读经典。

在此,我想对老师们说,要指导阅读,更要师生共读。每一位老师都做了大量的工作,你们条分缕析、谆谆教诲。我更希望老师们和同学们一起阅读,走进阅读,分享其中的甘苦。

我想对家长们说,要督促阅读,更要亲子共读。每一位家长都对孩子的学习无微不至,你们苦口婆心、事无巨细。我更希望家长们和孩子们一起阅读,以自己的实际行动为孩子树立身边的榜样。

我想对同学们说,要勤奋阅读,更要自主研读。每一名同学都在努力阅读,你们收获了知识,开阔了视野。我更希望同学们能够进行研究性阅读,发现问题、解决问题,成为国家的创造性人才。

曾经,梁启超先生说:"少年智则国智,少年强则国强。"今天,我想说:"少年好阅读则国家才进步,少年好经典则国家有希望。"

"二高"是一所文墨飘香的学校。说它文墨飘香,体现在我校每一次行政例会的第一个议程都是阅读;说它文墨飘香,体现在我校对每一届学生必须拿到"阅读证"的严格要求;说它文墨飘香,体现在我校每年一次的读书文化节的活动展演;说它文墨飘香,体现在我校阅读中心"南书房"与深圳市图书馆携手打造阅读品牌的远大前景。

当然,学校的书香四溢更多地来自学生和老师们阅读成果精彩纷呈的展现,来自家长们对阅读锦上添花式的支持,来自专家们对阅读雪中送炭般的指点。

今天是一个全民阅读的时代,是一个终身学习的时代。最后,我向大家倡议:择一经典,相伴终生;手捧经典,美化人生。

(2019年3月8日)

"青少年阅读基地"揭牌仪式活动现场